मन के दस संसार

(निचिरेन दैशोनिन का बौद्ध-मत)

मन के दस संसार

(निचिरेन दैशोनिन का बौद्ध-मत)

(रिचर्ड जी. कोस्टन की पुस्तक दैनिक जीवन में बुद्ध से साभार)

प्रस्तुति

संजीव तुलस्यान

वाणी प्रकाशन

वाणी प्रकाशन
4695, 21-ए, दरियागंज, नयी दिल्ली 110 002
फ़ोन : +91 11 23273167 फ़ैक्स : +91 11 23275710

शाखाएँ

अशोक राजपथ, पटना 800 004, बिहार

कॉफ़ी हाउस कैम्पस, महात्मा गांधी मार्ग, इलाहाबाद 211 001, उत्तर प्रदेश

महात्मा गांधी अन्तरराष्ट्रीय हिन्दी विश्वविद्यालय, वर्धा 442 001, महाराष्ट्र

सुल्तानिया रोड, मोतिया पार्क, भोपाल 462 001, मध्य प्रदेश

www.vaniprakashan.com
marketing@vaniprakashan.in
sales@vaniprakashan.in

MAN KE DAS SANSAR
(NICHIREN DAISHONIN KA BOUDDH-MAT)
Presentation by Sanjeev Tulsyan

ISBN : 978-93-87648-38-8
Buddhism/Philosophy

प्रथम संस्करण

मूल्य : ₹ 195

सिटी प्रेस, दिल्ली-110 095 में मुद्रित

वाणी प्रकाशन का लोगो मक़बूल फ़िदा हुसेन की कूची से

समर्पण

बोधिसत्व कन्नोन की साक्षात् प्रतिमूर्ति अपने
दिवंगत शिक्षक अशोक सेकसरिया को

यह किताब

कोई साल भर पहले मेरे मित्र संजीव तुलस्यान एक किताब की पाण्डुलिपि दे गये थे। किताब थी 'मन के दस संसार'। यह निचिरेन दैशोनिन के बौद्ध-मत पर लिखी रिचर्ड जी. कोस्टन की किताब 'दैनिक जीवन में बुद्ध : निचिरेन दैशोनिन के बौद्ध-धर्म का परिचय' का हिन्दी प्रस्तुतीकरण है। अनुवाद की जगह हिन्दी प्रस्तुतीकरण कह रहा हूँ तो इसलिए कि संजीव ने कुछ जगहों पर भावों को इतर अन्दाज़ में भी रखा है।

पुस्तक से गुज़रते हुए मुझे बुद्ध के विचार-संसार से भी गुज़रना पड़ा और अपने ही युवाकाल की स्मृतियों में डुबकियाँ लेने लगा, जब मैं नालन्दा में रहकर बौद्ध-मत को समझने की कोशिश कर रहा था। राजगीर में गिरिब्रज की पहाड़ी पर फूजी गुरुजी ने जो बौद्ध स्तूप बनवाया है, उस पर भिक्षुओं द्वारा 'नाम-म्योहो-रेंगे-क्यो' के अनवरत पाठ कभी नहीं भूल सकता, जिसका कभी-कभी मैं भी हिस्सा होता था। 'नाम-म्योहो-रेंगे-क्यो' का मतलब होता है 'सद्धर्मपुण्डरिक को नमन या प्रणाम'। संस्कृत में इसे 'नमो पुण्डरीकाय' कह सकते हैं। इसकी रचना या स्थापना निचिरेन दैशोनिन (1222-88) ने की थी। निचिरेन का जन्म एक गरीब जापानी मछुआ परिवार में हुआ था। मात्र पन्द्रह वर्ष की उम्र में वे भिक्षु बन गये। उन्होंने 'सद्धर्मपुण्डरिक' पर अपना ध्यान केन्द्रित किया। उम्र के इकतीसवें वर्ष में 28 अप्रैल 1253 को सिचेजी बौद्ध मन्दिर से उन्होंने अपने पन्थ की शुरुआत की। उनका मत जापान में प्रचलित कोई तेरह बौद्ध पन्थों में एक है, जिसके अनुयायियों की संख्या बहुत बड़ी है। जापान के अन्य मुख्य बौद्ध पन्थ हैं कैगोन, रित्सू, होस्सू, तेंदाई, शिन्गों, जोडो, जोदोशियन, युजुनेंबुतसू, जि, रिन्जाई, सोतो और ओबाकू। इसके अलावा सोनरोन, कुसा और जोजित्सु जैसे लुप्तप्राय पन्थ भी हैं।

चीन और जापान में बौद्ध-मत के विकास का अध्ययन बहुत दिलचस्प है। इन दोनों देशों में बौद्ध-मत ज्यों-का-त्यों नहीं स्वीकार लिया गया। वहाँ के दार्शनिकों ने अपनी बौद्धिक परम्परा और सांस्कृतिक-आध्यात्मिक परिपाटी के निकष पर इसे परखा और फिर एक नयी व्याख्या प्रस्तुत की। दरअसल यह

जीवित धर्म की विशेषता है। इस प्रक्रिया में वहाँ कुछ अभिनव तो हुआ ही, बेहतर भी हुआ। ईसा की तेरहवीं शताब्दी में इसी क्रम में निचिरेन ने अपने पन्थ की शुरुआत की थी।

निचिरेन का पन्थ मन को ही सृष्टि का केन्द्र मानता है। इसके अनुसार मन को काबू में कर हर कोई सम्बुद्ध बन सकता है। यह पन्थ लोकोत्तर किसी सत्ता में विश्वास नहीं करता। निर्वाण से ज़्यादा इसका ज़ोर सम्बुद्ध (सुपर मैन) बनने पर है। यह मन की दस विशिष्ट अवस्थाओं को तय करते हैं और उसकी व्याख्या देते हैं। मन में ही अच्छी और बुरी, स्वर्ग और नरक दोनों स्थितियाँ हैं। लालच, क्रोध और पशुता मन को यातना के नरक की ओर ले जाते हैं तो शान्ति, मैत्री और करुणा एक सुखद-स्वर्गिक स्थिति में। निचिरेन ने अपने अनुयायियों को इसके लिए अभ्यास की सीख दी थी। अभ्यास के दो भाग हैं। पहला है गोहोंजोन (Gohonzon 'Buddha Us') जो कि एक संकेत चित्र (Symbolic Diagram) है और दूसरा है 'नाम-म्योहो-रेंगे-क्यो' (Solution of Lotus Sutra)।

प्रस्तुत पुस्तक आज के तथाकथित विकसित अर्थात भौतिक सरंजामों से भरे ज़माने में हमें हमारी वास्तविक स्थितियों से रू-ब-रू कराती है। सूचकांकों और आँकड़ों की दुनिया में हम सुखी दिखते हैं, क्योंकि हमारे पास आरामदायक आवासीय व्यवस्था, लक्ज़री गाड़ियाँ, कीमती परिधान, लजीज व्यंजन, अच्छा-खासा बैंक बैलेंस और यहाँ तक कि मनमुताबिक प्रेमी-प्रेमिकाएँ हैं। फिर भी हम अपने जीवन में बेचैनी महसूस करते हैं। प्रतिस्पर्धा की सनक ने हमें परेशान कर रखा है। हम सुख में भी वर्चस्व तलाशने लगे हैं। यह सब मानसिक व्याधियाँ हैं जो हमें यातना अथवा नरक की ओर धकेल रही हैं। इन स्थितियों से आपका उद्धार कोई दूसरा नहीं कर सकता, इसका समाधान निजी स्तर पर स्वयं आपको निकालना होगा। यातना भरी दुनिया के बीच सम्बुद्ध बनना सम्भव है, यदि हम सम्यक प्रयास करें। यह पुस्तक इस दिशा में हमारी मदद कर सकती है।

श्री संजीव तुलस्यान ने बहुत परिश्रम से इस पुस्तक को गढ़ा है। एक भाषा से दूसरी भाषा में रूपान्तरण, वह भी किसी वैचारिक पुस्तक का, मुश्किल भरा कार्य होता है। श्री तुलस्यान की अगर इस विषय में रुचि न होती तो यह सम्भव न होता। श्री तुलस्यान समाजवादी कार्यकर्ता भी रहे हैं। दो समाजवादी साधुओं दिवंगत किशन पटनायक और अशोक सेकसरिया के साथ उन्हें रहने का अवसर मिला है। उनके प्रभाव हम इस पुस्तक में देख सकते हैं। मैं श्री संजीव तुलस्यान को इन सबके लिए बधाई देता हूँ और उम्मीद करता हूँ कि शीघ्र ही वह अगली किताब भी देंगे, चाहे उसका विषय जो हो।

–प्रेमकुमार मणि

वर्षों पहले बड़े भाई (श्री राज साह) ने विदेश से इसका प्रारूप इस ताकीद के साथ भेजा था कि ध्यान से पढ़ना। इस पुस्तक की सबसे महत्त्वपूर्ण बात यह है कि इसमें मनुष्य को उसकी समस्त बुराइयों के साथ स्वीकारते हुए उसमें बुद्धत्व की कल्पना की गयी है। साथ-ही-साथ यह बुद्ध के दैवीय मिथक को भी खारिज करती है।

लोटस-सूत्र के सन्दर्भ में भाई का कहना है कि मानव सभ्यता के इतिहास में यह अकेली पुस्तक है जो मनुष्य को उसकी सम्पूर्णता में स्वीकार करती है, जबकि अन्य सभी धर्म-ग्रन्थ श्रद्धा, भक्ति की माँग करते हैं।

ये दलाई लामा ही थे जिन्होंने कहा था कि मैं परम्परा के कारण गुरु हूँ, इसके योग्य हूँ या नहीं यह अलग विषय है।

–संजीव तुलस्यान

दैनिक जीवन में बुद्ध
निचिरेन देशोनिन के बौद्ध-धर्म का परिचय

कल्पना करें कि यह सोमवार की सुबह है। अलार्म आपको गहरी और शान्तिपूर्ण नींद से जगाकर बन्द हो गया है। आप झुँझलाकर बिस्तर से निकलकर परदों को हटाते हैं। बारिश हो रही है। आप तैयार होकर किचन में जाते हैं। केतली में पानी गरम करते हैं। बिल्ली को खाना देकर ख़ुद नाश्ता करने बैठते हैं। आप उत्सुकतापूर्वक दलिए के पैकेट के पीछे लिखी बातों को पढ़ते हैं—उस पर छपा है कि एक वयस्क व्यक्ति को जितना पौष्टिक तत्त्व और विटामिन रोज़ लेना चाहिए, उसका कम-से-कम एक चौथाई हिस्सा आपके दलिए से भरे कटोरे में है। और तभी आप लेटर बॉक्स से कुछ फड़फड़ाहट की आवाज़ सुनते हैं—उसमें दो चिट्ठियाँ हैं, एक बिजली विभाग की तो दूसरी टैक्स कार्यालय की। कहीं ज़्यादा टैक्स भरने का निर्देश न हो, यह सोचकर आप टैक्स कार्यालय से पहले बिजली विभाग की चिट्ठी खोलते हैं। बिल बहुत ज़्यादा है! यह तो अँधेर है! यह तय करते हुए कि बिजली विभाग के उल्लू के पट्ठे पदाधिकारियों ने बिल बनाने में ज़रूर ही कोई भूल की है, आप ठानते हैं कि काम से वापस आते ही आप उन्हें अपनी भूल सुधारने के लिए एक कड़ा पत्र लिखेंगे। लेकिन यह सोचकर आपका दिल बैठने लगता है कि कहीं बिजली का बिल सही ही न हो, इस ठिठुरा देने वाले जाड़े में आप अमूमन रोज़ ही बिजली का हीटर रात भर चलता छोड़ देते थे और अगर बिजली का बिल सही है तो आपकी गर्मी की छुट्टियों का सत्यानाश हो जायेगा। बहरहाल बहुत उदासी के साथ आप राजस्व विभाग से आया, अपशकुनी भूरा अन्तर्देशीय लिफ़ाफ़ा खोलने की हिम्मत जुटाते हैं। अरे वाह! इसमें तो टैक्स में छूट की सूचना है, सही या ग़लत बिजली का बिल चुकाने के बाद भी टैक्स-राहत से छुट्टियों के लिए काफ़ी कुछ बच जायेगा। आप ख़ुशी से उछल पड़ते हैं और मूसलाधार बारिश की परवाह किये बगैर काम पर चले जाते हैं।

टैक्स में छूट को छोड़कर उपरोक्त उद्धरण के बारे में कहा जा सकता है

कि यह देश के करोड़ों लोगों (हालाँकि अलग-अलग रूपों में) द्वारा भोगी जाने वाली सामान्य सुबह का वर्णन है। इस छोटी-सी सामान्य घटना में आपने दस में से नौ संसारों का अनुभव कर लिया है।

दस संसार या कहें जीवन की दस स्थितियाँ, बौद्ध-धर्म का मूल सिद्धान्त है; जो यह बताता है कि हर मनुष्य में दस आन्तरिक स्थितियाँ होती हैं, जिन्हें वह समय-समय पर महसूस करता है। संक्षेप में, ये दस संसार हैं—नरक, भूख, पशुता, क्रोध, प्रशान्ति, हर्षोल्लास, सीख या विद्या, बोध, बोधिसत्व और बुद्धत्व।

थोड़ा विस्तार में कहें तो—नरक यातना की स्थिति है। भूख, वह स्थिति है जिसमें हम इच्छाओं से शासित होते हैं। पशुता, एक सहजात व्यवहार है और क्रोध एक ऐसी स्थिति है जिसमें लगातार प्रतिस्पर्धा या संघर्ष के द्वारा एक व्यक्ति दूसरे व्यक्ति से हेकड़ी से आगे बढ़ता है। पहले तीन पाप के तीन मार्ग और क्रोध के साथ मिलने पर पाप के चार मार्ग है—ये दुःख लाने वाली विभिन्न स्थितियाँ हैं। प्रशान्ति एक निरपेक्ष स्थिति है शान्ति की। और हर्षोल्लास इच्छापूर्ति से उत्पन्न होने वाली एक तात्कालिक स्थिति है। नरक से हर्षोल्लास तक की स्थिति के छह चरणों को छह मार्ग कहा जाता है और ये हमारे जीवन में बाह्य कारणों से स्वतःस्फूर्त ढंग से फूटते हैं, इसके बरक्स बाकी के चार संसारों को चार कल्याणकारी (नोबल) मार्ग कहा जाता है ये आन्तरिक जतन से ही प्रकट किये जा सकते हैं।

सीख या विद्या वह स्थिति है, जिसमें हम दूसरों के सिखाने से सीखते हैं, जबकि बोध वह स्थिति है, जिसमें हम जीवन को आंशिक रूप से थोड़ा या ज़्यादा अपने ख़ुद के प्रयत्न और अवलोकन से समझते हैं। बोधिसत्व परमार्थ की स्थिति है जिसमें दूसरों की सहायता करने में आनन्द प्राप्त होता है और अन्त में बुद्धत्व; जो परमानन्द की स्थिति है। यह स्थिति बोधिसत्व* के रूप में परमार्थ में किये गये हमारे कार्यों का परिणाम है।

मनुष्य के सम्पूर्ण अनुभवों को महज दस स्थितियों में समेटना भले ही सरल लग रहा हो, पर है नहीं। देसाकु इकेदा** इसकी इस तरह व्याख्या करते हैं—

"दस स्थितियाँ इस अर्थ में अमूर्त हैं, क्योंकि ये वो सामान्य बातें हैं जो मानव अनुभव से प्राप्त होती हैं। इन सभी

---

* बोधि का अर्थ मनुष्य के उद्धार का ज्ञान। और उसके लिए प्रयत्न करने वाला प्राणी (सत्व) ही बोधिसत्व कहलाता है।

** देसाकु इकेदा (Daishaku Ikeda) (जन्म 2 जनवरी, 1928 में ओटा, टोक्यो में) ने जोसई टोडा (Josai Toda) से निचिरेन दैशोनिन के बौद्ध-धर्म की शिक्षा ली और 1958 में टोड़ा की मृत्यु के बाद 1960 में सोका गक्कई इण्टरनेशनल (Soka Gakkai International"—SGI ") के अध्यक्ष बने।

विभिन्न परिस्थितियों को, जिनसे व्यक्ति का जीवन घिरा हो सकता है, उनसे बौद्ध दार्शनिकों ने यह निष्कर्ष निकाला है कि जीवन में दस मूलभूत स्थितियाँ होती हैं। 'दस' की संख्या कोई संयोग नहीं है और न ही इसे इसलिए चुना गया है कि यह दशमलव प्रणाली का आधार है या फिर ऐसी ही कोई अन्य बात। इसे इसलिए अपनाया गया है कि एक तरफ तो इसमें सब समाहित हैं और दूसरी तरफ इसमें सबसे छोटी श्रेणियाँ भी आ सके। अगर हम आठ श्रेणियाँ रखते तो उसका मतलब होता दो विभिन्न आवश्यक स्थितियों को युक्त करना, बारह का मतलब होता दो आवश्यक एकल स्थितियों को चार में विभक्त करना। मैं आपको विश्वास दिलाता हूँ कि इस सारे मसले पर पूरा सोच-विचार किया गया है।''

दस संसारों की उपरोक्त व्याख्या को ध्यान में रखते हुए आइए हम एक आम दिन की शुरुआत को फिर से देखें। सर्वप्रथम, सोते वक़्त हम प्रशान्ति की स्थिति में होते हैं। नींद में होना अपने आपमें प्रशान्ति की स्थिति नहीं होती। उदाहरण के लिए, अगर आप दुःस्वप्न देख रहे हैं तो स्वप्न में नरक की स्थिति है। अगर प्रिय-मिलन देख रहे हैं तो वह हर्ष और आनन्द की स्थिति है या फिर जैसी भी स्थिति हो। तभी अलार्म बजता है, आप उठते हैं क्योंकि आपकी पशुता पल भर के लिए जाग्रत हो जाती है और इस मामले में वह अपने को भय की सहजात प्रवृत्ति के रूप में प्रकट करती है। जैसे ही आप जागकर पाते हैं कि आप पर कोई हमला नहीं हुआ है, और यह विचार कि आपको अपने गर्म और आरामदेह बिस्तर से बाहर आना है, दुनिया की कठिनाइयों को फिर से झेलना है, भले ही एक क्षण के लिए ही सही आपको नरक की स्थिति में पहुँचा देता है। बाहर बारिश होती देखकर आप वहीं रुक जाते हैं। तैयार होते वक़्त पशुता सिर उठाने लगती है, आप भूख महसूस करने लगते हैं। तार्किक रूप से आप सोच सकते हैं कि भूख महसूस होने का मतलब तो यह है कि आप भूख की स्थिति में हैं, लेकिन जैसा कि देसाकु इकेदा आगे बताते हैं–

''वह भूख जो लालच से उत्पन्न होती है, सहज आदम भूख से पृथक है और यही अन्तर है भूख की स्थिति में और उस विचारहीन पशुता की स्थिति में''।

पशुता से संचालित किये जाने पर आप किचन में नाश्ता तैयार करना शुरू करते हैं। एक बार फिर बिल्ली की म्याऊँ-म्याऊँ सुनकर आपकी मनःस्थिति

बदलती है और एक पल की सोच के बाद आपको महसूस होता है कि वह भी भूखी होगी। यह बोध, दरअसल वे सारे बोध जो जगने के बाद से हुए हैं, आपके जीवन से प्राप्त बोध के बहुत ही साधारण उदाहरण हैं। बिल्ली को भोजन देने का निर्णय करना ही कार्य के बोधिसत्व की प्रकृति का उदाहरण है; जबकि दलिए के डिब्बे के पीछे छपा पढ़ना सीखने या विद्या अर्जित करने की स्थिति में आपको ले जाता है। अब चिट्ठियों की बारी आती है। चिट्ठियों को देखने पर यह सोचकर डर जाना कि शायद उनमें कोई बुरी ख़बर होगी, पशुता की दूसरी प्रवृत्ति को दर्शाता है। और आपका ये कयास लगाना कि बिजली के बिल में भूल है, क्रोध की स्थिति को दर्शाता है।

यह समझना आवश्यक है कि क्रोध की स्थिति में क्रोधित दिखना ज़रूरी नहीं है। यहाँ क्रोध किसी दूसरे व्यक्ति के प्रति झगड़ालूपन एवं हिक़ारत की स्थिति को बताता है, इस उदाहारण में बिजली विभाग के बेवकूफ़ अधिकारियों पर आने वाले गुस्से की बात ही एक तरह से दोहरायी जाती है। यह बात मायने नहीं रखती कि बिजली का बिल ग़लत भी हो सकता था; क्रोध अपने आपमें यही प्रदर्शित करता है कि आपने बिना सोचे-विचारे ख़ुद-ब-ख़ुद अपने को सही मान लिया था। एक क्षण के बाद जब आप जाड़े के बारे में सोचते हैं, गुस्सा गुज़र गया होता है और नरक पुनः उपस्थित हो जाता है। गरमी की छुट्टियों में घूमने जाने का आपका सपना आपकी इच्छाओं का, भूख का स्पष्ट परिचायक है जिसे पूरा करना असम्भव लगने लगता है और जब आप पाते हैं कि आपको टैक्स में बड़ी राहत मिली है तो आपके जीवन में हर्षोल्लास उमड़ पड़ता है। यह इतना ज़्यादा होता है कि दिन के प्रति आपका नज़रिया ही बदल देता है। वे चीज़ें जो पहले आपको नरक का प्रतीक जान पड़ रही थीं, जैसे मौसम का ख़राब होना या काम पर जाने का विचार, वे अब आख़िरकार उतनी बुरी नहीं लग रही थीं। लेकिन 'वे' तो नहीं बदली हैं, बदले तो आप हैं, जगने के बाद से कम-से-कम दर्जनों बार।

यह पूरी तरह से हमारे वास्तविक बदलावों का बहुत कम अन्दाज़ा लगाना है। सैद्धान्तिक रूप से हमारे जीवन के पल-पल के बदलते असंख्य अनुभवों का और भी विस्तृत विश्लेषण करना मुमकिन है। देसाकु इकेदा कहते हैं, 'बौद्ध-धर्म में यह सिखाया जाता है कि एक दिन में मनुष्य का दिमाग़ चौरासी करोड़ बार बदलता है।' दूसरे शब्दों में, व्यक्ति के जीवन में परिवर्तनों की कोई सीमा नहीं—वे असीम हैं। व्यक्ति का जीवन गर्मी, ठण्ड, सन्देह, ख़ुशी, उदासी और दूसरी स्थितियों के क्षणिक उदाहरणों का अनवरत सिलसिला है।

यह सिर्फ़ बौद्ध-धर्म का ही विचार नहीं है कि जीवन एक निरन्तर प्रवाह की स्थिति में है। वास्तव में, ज़्यादातर पूर्वी दर्शन व धर्मों में भी यही माना गया है और समय-समय पर इसकी अभिव्यक्ति पश्चिमी दर्शनों में भी हुई है। उदाहरण के लिए, यूनानी दार्शनिक हेराक्लितस (Heraclitus), जो सुकरात और अफलातून के पहले हुआ था, के बारे में कहा जाता है कि उसने सार्वभौमिक बदलावों में अपने विश्वास को इस उक्ति कि 'सभी चीज़ें प्रवाहित हो रही हैं' में समेट दिया था। लेकिन पल-पल में जीवन कैसे बदलता रहता है, इसकी विस्तृत व्याख्या में, बौद्ध-धर्म असहमति जताने के बावजूद अपने सार्वभौमिक नियम 'नाम-म्योहो-रेंगे-क्यो' (*Nam-myoho-renge-kyo*) की विवेकशील परम्परा का अनुगमन करता है, जैसा कि अंग्रेज़ इतिहासकार, स्वर्गीय अर्नोल्ड टॉयनबी कहते हैं, "बौद्ध-धर्म का जीवन की संचालक और प्रेरक शक्ति (Dynamics) का विश्लेषण...जहाँ तक मेरी जानकारी है आधुनिक पश्चिमी विश्लेषण की तुलना में ज़्यादा विस्तृत और सूक्ष्म है।"

यह विश्लेषण मनुष्य के भाव जगत् वाले जीवन से शुरू होता है और समाज तथा भौतिक वातावरण के माध्यम से कार्य करता है और अन्त में सम्पूर्ण ब्रह्माण्ड की ओर उन्मुख होता है। दस संसार में से प्रत्येक को ज़्यादा गहराई से जाँचना आवश्यक है, क्योंकि ये बौद्ध-धर्म के विचारों के केन्द्र में हैं।

नरक

फरवरी, 1944 में प्रीमो लेवी (Primo levi) नामक एक जवान यहूदी रसायनशास्त्री को 650 अन्य लोगों के साथ इटली के यातना शिविर से ऑसवीच (Auschwitz)* के पास एक श्रम शिविर मोनोवीच, बुना (Monowitz, Buna) में भिजवाया गया। वहाँ पहुँचने पर ज़्यादातर बूढ़े, स्त्रियों और बच्चों को सीधे गैस-चेम्बर (मौत-घर) में भेज दिया गया। बाकी बचे हुए लगभग सौ व्यक्तियों को ट्रकों में लादकर एक कैम्प में ले जाया गया। लेवी कहता है–

> *"यह यात्रा बीस मिनट से ज़्यादा की नहीं थी। जब ट्रक रुके और हमने एक विशाल दरवाज़ा देखा और उसके ऊपर*

---

* एस एस के प्रधान हेनरिक हिमलर (Henarik Himmler) ने प्रथम कैम्प के निर्माण का आदेश 27 अप्रैल, 1940 में दिया था। ऑसविच (Auschwitz), नाजी जर्मनी का सबसे बड़ा यातना-गृह (Concentration Camp) एवं उन्मूलन शिविर (Extermination camp) दक्षिणी पोलैण्ड के औद्योगिक शहर ओसविसिन (Oswiecin), गेलीसिया (gelisiya) प्रान्त के पास अवस्थित है। ऑसविच के कैम्प एक, दो और तीन मुख्य स्थान थे नाजियों के, उनके 'पूर्ण समाधान' के; यूरोपियन यहूदियों की सामूहिक हत्या के।

चमकीले जर्मन अक्षरों में लिखा था (इसकी याद आज भी मुझे सपनों में झकझोर देती है)–Arbeit Macht Frei (काम करने से आज़ादी मिलती है)। हम ट्रक से नीचे उतरते हैं तो वे हमें एक बहुत बड़े कमरे में ले जाते हैं, जो कि ठण्ड के हिसाब से बहुत ही कम गरम था। हमें भयंकर प्यास लगी थी। रेडियेटर के पानी की कमज़ोर गड़गड़ाहट भी हमें जंगली बना रही थी। पिछले चार दिनों से हमारे पास पीने को कुछ भी नहीं था, लेकिन वहाँ एक नल भी था, जिसके ऊपर एक तख़्ती पर लिखा था कि यह गन्दा पानी है, पीने के योग्य नहीं है। यह बकवास थी। यह जाहिर था कि वह तख्ती एक क्रूर मज़ाक़ थी। 'वे लोग' जानते थे कि हम प्यास से मरे जा रहे हैं और उन्होंने हमें नल वाले कमरे में रखा था और Wassertrinken Verboten (जर्मन में पानी पीने की मनाही)। मैंने पानी पीया और अपने साथियों को भी पीने के लिए उकसाया, लेकिन मुझे उल्टी करनी पड़ी, पानी गुनगुना और मीठा जैसा तो था पर उसमें कीचड़ की बदबू भी थी। यही नरक है। आज, हमारे समय में, नरक ऐसा ही हो सकता था। एक बड़ा खाली कमरा, हम थके-हारे अपने पंजों पर खड़े थे। टप-टप पानी चूता नल भी था, जबकि हम पानी पी नहीं सकते थे। और हम किसी भयानक घटना का इन्तज़ार कर रहे थे, लेकिन कुछ भी घटित नहीं हुआ और आगे भी घटित नहीं हुआ। इसके बारे में कोई क्या सोच सकता था? कोई कुछ भी नहीं सोच सकता था, यह एक मरने वाली स्थिति थी। कोई ज़मीन पर बैठ जाता था। समय क़तरा-क़तरा बीतता जाता था।

ऊपर का वर्णन बौद्ध-धर्म की नरक की कल्पना के बहुत निकट है। वर्षों से लोगों को यह बताया जाता है कि नरक एक अलग जगह है, प्रायः एक असहनीय गरम स्थान, बहुत गहरे ज़मीन के नीचे, जहाँ लोगों को धरती पर किये गये बुरे कर्मों के लिए अनन्तकाल तक यातना दी जाती है, ज़्यादातर उन शैतानों के द्वारा जिन्हें पीड़ा पहुँचाने में बहुत आनन्द मिलता है। तेरहवीं सदी के जापान में इसी तरह के नरक की कल्पना का बड़ा ज़ोर था और निचिरेन

दैशोनिन (Nichiren Daishonin)* इसका संशोधन करना चाहते थे : सबसे पहले यह प्रश्न उठता है कि नरक और बुद्ध वास्तव में कहाँ स्थित हैं; एक सूत्र कहता है कि नरक ज़मीन के अन्दर है और दूसरा सूत्र कहता है कि बुद्ध भारत में हैं। हालाँकि जब हम अच्छी तरह से निरीक्षण करते हैं तो पाते हैं कि दोनों हमारे साढ़े तीन हाथ के शरीर में ही हैं यानी हमारे भीतर हैं।

बौद्ध-धर्म के मुताबिक, नरक किसी विशिष्ट जगह तक सीमित नहीं है, बल्कि यह तो एक अनिर्वचनीय पीड़ा की स्थिति है जो कोई व्यक्ति बाह्य वातावरण पर प्रक्षेपित करता है। यह एक ऐसी स्थिति है, जिसमें आपका सम्पूर्ण जीवन ठहर जाता है और पीड़ा के बिन्दु पर केन्द्रित हो जाता है। उदाहरण के लिए, अगर आपके दाँतों में भयंकर दर्द हो रहा हो तो आपका पूरा ध्यान उसी पर केन्द्रित हो जाता है चाहे आसपास का वातावरण कितना भी सुरम्य क्यों न हो। प्रीमो लेवी और साथी यहूदी क़ैदियों की स्थिति में उनका वातावरण बिल्कुल निष्क्रिय था–एक बड़ा खाली कमरा; यह उनकी तड़पती प्यास ही थी, जो कुछ अनिष्ट होने की आशंका से जुड़ी हुई थी और उनका पूरा ध्यान टपकते पानी पर केन्द्रित था। यह सब इस कमरे को नरक बना रहा था। और समय इस तरह से गुज़र रहा था मानो रुक गया हो, नल से रिसते पानी की तरह और इसीलिए मानसिक पीड़ा असीम हो चली थी।

जापानी भाषा में नरक को 'जीगोकू (Jigoku)' कहा जाता है, जो दो शब्दों के जोड़ से बना है जिसका अर्थ होता है 'रसातल में' और 'बँधा हुआ या फिर जेल में बन्द'। निःसन्देह नरक की स्थिति का एक महत्त्वपूर्ण पहलू आज़ादी से कुछ करने या सोचने की क्षमता का ख़त्म होना होता है, यह जीवन की संचालक और प्रेरक शक्तियों के छीज जाने के कारण होता है और यह व्यक्ति की शारीरिक संरचना और उसकी भावनाओं, आशाओं और संवेगों की मानसिक प्रक्रियाओं में व्यक्त होता है।

(निचिरेन दैशोनिन (1222-88) ख़ुद को बोधिसत्व जोग्योबोसत्सू (Jogyobosatsu) का अवतार मानते थे। निचिरेन ने पद्म-सूत्र (लोटस-सूत्र) की व्याख्या में दो मुख्य अभ्यास की वकालत की। पहला है--गोहोंजोन (Gohonzon) एक प्रतीकात्मक मण्डल (Symbolic diagram जैसा कि आवरण पर छपा है) जिसकी रूपरेखा निचिरेन ने तैयार की। यह बुद्ध प्रकृति का प्रतिनिधित्व करता है, जो सभी मनुष्यों में होती है और साथ ही साथ शाक्यमुनि बुद्ध के तीनों रूपों का भी।

* दैशोनिन एक सम्मानजनक उपाधि है जिसका अर्थ होता है महान सन्त।

दूसरा है 'नाम-म्योहो-रेंगे-क्यो' पद्म-सूत्र (लोटस-सूत्र* को नमस्कार 'Salution of the lotus sutra)' को दैमोकू (daimoku 'sacred title') पुकारा जाता है, इसके द्वारा श्रद्धालु पद्म-सूत्र की शिक्षा और क्षमता (प्रभावोत्पादकता) में विश्वास रखता है। यह जप सिर्फ़ मौखिक ही नहीं किया जाना चाहिए, बल्कि इसे सच्चे श्रद्धालु के प्रत्येक कार्य में शामिल होना चाहिए।)

इस स्थिति के बारे में लेवी ने लिखा है, "यह मर जाने जैसी स्थिति है। स्वतन्त्रता के अभाव का बोध स्वयं ही किसी को आत्यन्तिक यातना में ले जा सकता है।" उल्लेखनीय है कि लेवी की पुस्तक 'अगर यह आदमी है' (If This is a Man) के एक अध्याय 'रसातल से' (On the Bottom), से ये बातें उद्धृत की गयी है। ये लेवी की नरक की गहरी समझ को दर्शाती है। इसी अध्याय में लेवी आगे लिखता है–

एक ही क्षण में इल्हाम (अन्तःप्रज्ञा) से सच्चाई हमारे सामने उघड़ी पड़ी थी। हम रसातल में थे। इससे नीचे जाना सम्भव नहीं था। कोई भी मानवीय स्थिति इससे ज़्यादा दयनीय नहीं हो सकती थी और न ही ऐसी स्थिति की कल्पना की जा सकती थी। हमारे पास कुछ भी अपना नहीं बचा था। उन्होंने हमारे कपड़े, हमारे जूते, यहाँ तक कि हमारे सिर के बाल भी छीन लिए थे। हमारे बोलने पर वे सुनते नहीं थे और अगर सुनते थे तो समझते नहीं थे। यहाँ तक कि उन्होंने हमारे नाम से भी हमें जुदा कर दिया था...कल्पना करें कि एक ऐसे व्यक्ति की, जिसे उन सबसे दूर कर दिया गया हो, जिन्हें वह प्यार करता है और साथ-ही-साथ उसके घर, उसकी आदतें, उसके कपड़े या यूँ कहें कि हर उस चीज़ से, जो उसकी अपनी थी। ऐसा व्यक्ति एक खोखला आदमी होगा, यातनाओं और ज़रूरतों तक सिमटा हुआ, सम्मान और संयम जैसी चीज़ें बिसराए हुए, एक ऐसा आदमी जो प्रायः बहुत जल्दी ख़ुद को हार जाता हो। यह आदमी ऐसा होगा जिसकी ज़िन्दगी या मौत का फ़ैसला बिना किसी मानवीय संवेदना के लिया जा सकेगा। भाग्य से बचे लोगों (यानी जिनको उनकी उपयोगिता 'काम कर पाने की क्षमता' के कारण ज़िन्दा रखा गया था) के उदाहरण से ऊपर की बातों को समझा जा सकता है और इससे ही 'उन्मूलन शिविरों' के दोहरे अर्थ को भी और इससे यह स्पष्ट है कि 'रसातल में खड़े होने' का तात्पर्य क्या है।

सौभाग्य से, हममें-से ज़्यादातर लोगों को उस तरह की यातना का सामना

* लोगों को बुद्ध के दर्शन और बुद्धत्व की प्राप्ति के प्रोत्साहन के साधन के रूप में, असाधारण और विस्मय उत्पन्न करने वाली बुद्ध की विशेषताएँ, लोटस-सूत्र से पहले पढ़ाई जाती थी। वे बुद्ध के महान ज्ञान, योग्यता, दया और इसी तरह की चीज़ों को दर्शाती थीं।

कभी नहीं करना पड़ेगा, जैसा कि लेवी और 'मृत्यु शिविर' के शिकार अन्य लोगों को करना पड़ा। (हालाँकि यह सोचना शर्मनाक है कि आज भी दुनिया के कुछ हिस्सों में इस तरह के नरकों का निर्माण किया जा रहा है)* लेकिन यह नहीं कहा जा सकता है कि दूसरे लोगों का नरक इतना पीड़ादायक नहीं होता।

अपने किसी प्रियजन को खोने की पीड़ा, ख़ुद की मृत्यु का भय, बीमारी व ग़रीबी की कैद–ये सब नरक के विभिन्न रूप हैं, जो कि लोगों के द्वारा ख़ुद ही बनाये जाते हैं। और इसके बावजूद भी हम किसी दूसरे के नरक को समझने में असमर्थ होते हैं–जैसे किसी तंग जगह में घिर जाने (लिफ़्ट आदि) का भय (Claustrophobic), आपको यह सामान्य लग सकता है, पर उस व्यक्ति के लिए तो यह ऐसा सत्य है जो उसके सामने मुँह बाए खड़ा है। यह नरक ही है।

निचिरेन दैशोनिन कहते हैं, "रोष साक्षात् नरक है।" यहाँ पर रोष क्रोध नहीं है जिसमें दूसरों के सामने अपनी श्रेष्ठता सिद्ध करने का प्रयास होता है (अथवा जिसमें व्यक्ति की हीनता उजागर होती है) बल्कि यह स्वयं की तरफ निर्देशित होता है। यह हताशा और ख़ुद को नष्ट करने वाला रोष होता है, जिसमें ज़्यादातर आसपास के वातावरण को इसलिए नष्ट करना चाहते हैं कि उसे (वातावरण को) अपनी यातना का कारण समझते हैं। नवयुवक अपना रोष कलाकृतियों का विध्वंस कर ज़ाहिर करते हैं तो असाध्य रोग से पीड़ित व्यक्ति अपनी हताशा, रोष, ख़ुदकुशी करके प्रकट करते हैं।

अभी तक जो कुछ भी कहा गया है, उससे यह समझ लेना चाहिए कि नरक की स्थिति में एक बहुत ही प्रबल मनोवैज्ञानिक तत्त्व है, जिसके बारे में कहा जा सकता है कि यह बहुत ही गहरा होता है और शारीरिक पीड़ा की अपेक्षा इसे दूर करना ज़्यादा कठिन है। उदाहरण के लिए, हम कह सकते हैं, हो सकता है कि जो लोग तरह-तरह की शारीरिक विकलांगता से पीड़ित हैं, उन्हें किसी तरह का दर्द महसूस नहीं होता हो, पर वे अपने घूम-फिर न पाने की क्षमता और स्वतन्त्रता न होने के कारण अन्दर-ही-अन्दर अन्तहीन पीड़ा को झेलते हैं। प्रायः इस मानसिक यातना के पीछे कोई बाहरी कारण नहीं होते। अवसाद, जो हमारे समाज में आमतौर पर व्याप्त है, में नरक की सारी स्थितियों के लक्षण होते हैं, फिर भी अवसाद अपनी मर्जी से आता-जाता है। प्राथमिक लक्षण में ही नरक की कम जीवन-शक्ति उजागर होती है। शायद बिस्तर छोड़ पाने की अनिच्छा और फिर अपने आस-पास के वातावरण व चीज़ों से निरन्तर उदासीनता, समय का ठहर जाना आदि, व्यक्ति इसे जानता है पर किसी-न-किसी कारण के चलते अपने को भयावह स्थिति में घिरा महसूस करता है।

---

* इराक के बन्दियों की गवाते जेल इसका प्रत्यक्ष उदाहरण है।

मन में चिन्ता भी नरक की ही एक निर्दय और अतिसूक्ष्म अभिव्यक्ति है। चिन्ता किसी घटना के सबसे ख़राब सम्भावित परिणाम की कल्पना करती है, जैसे कि वह काल्पनिक सम्भावित घटना घट ही गयी हो, और तब यह सोचकर चिन्ता को और बढ़ा लेते हैं कि हम परिणाम के सन्दर्भ में कुछ नहीं कर सकते। हम एकदम असहाय हैं। लोगों के 'चिन्ता मत करो' कहने का भी असर नहीं होता, और हम जानते हैं कि वे तार्किक रूप से सही हैं, फिर भी हमारी प्रवृत्ति होती है कि हम ख़ुद को तब तक निराशावादी आशंकाओं में जकड़े रखते हैं, जब तक वे ख़ुद ही सही या ग़लत साबित नहीं हो जाती। नरक के संसार के एक और पहलू का उल्लेख करना यहाँ ज़रूरी है कि इस स्थिति में व्यक्ति किसी भी प्रकार की उम्मीद नहीं कर पाता। ऐसा अकसर कहा जाता है कि 'जहाँ जीवन है, वहाँ उम्मीद है' और जैसा कि प्रीमो लेवी के मोनोवीच बुना के विवरण से पता चलता है कि ऊपर की बात के उलट यह कहना ज़्यादा सही होगा कि 'जहाँ उम्मीद है, वहाँ जीवन है'–

> *उनका जीवन अल्प था, पर उनकी संख्या अनगिनत थी। यहूदी लोग (The Muselmanner, नाजी सैनिक गाली की तरह इस शब्द का प्रयोग करते थे। जर्मन में इसका अर्थ होता है द्वितीय विश्वयुद्ध के दौरान बन्दी बनाकर उन्मूलन शिविरों में रखे गये वे यहूदी जो मृत्यु की शैय्या पर भूख से बिलबिला रहे हैं।) ऐसे लोग थे, जिन्हें डूबे हुए लोग कहा जा सकता है। ये लोग ही थे जो कैम्प के अस्तित्व का आधार थे। यह एक गुमनाम समूह था, जो लगातार बदलता हुआ पर हमेशा होता एक जैसा था। जो आदमी नहीं रह गये थे और जो चुपचाप काम करते थे। जिनके भीतर की दैवी ज्योति बुझ चुकी थी, जो इतनी शून्यता प्राप्त कर चुके थे कि जीवित कहने में हिचकिचाहट होती है। मृत कहने की चाहत होती है। जिनके सामने उन्हें डर नहीं लगता, क्योंकि वे समझने में पूरी तरह से असमर्थ थे।*

अगर हम उस 'ईश्वरीय ज्योति' को उम्मीद का नाम देते हैं तब ये बेगार लोग सच में पूरी तरह आशा-विहीन थे–दोनों ही अर्थों में। एक, जिन्हें कोई आशा नहीं थी और दूसरे, जिनके बारे में कोई उम्मीद नहीं की जा सकती थी। इस तरह के बेगार व्यक्तियों को हमारे समाज में देखना कल्पना से परे नहीं है–जो बेरोज़गारी के कारण भविष्य से निराश हो गये हैं या किसी प्राकृतिक विपदा से

डरे हुए हैं। ये लोग 'ईश्वरीय ज्योति' से वंचित होते हैं जिससे सृजनात्मक कार्यों को करने की प्रेरणा उत्पन्न होती है। इस तरह की प्रेरणा के अभाव में ऐसे लोगों में अपने जीवन को चलाने और उसे कोई शक्ल देने की चाहत भी नहीं रहती।

दस संसारों में नरक वाली स्थिति हर तरह से सबसे ज़्यादा ख़राब है। बौद्ध-धर्म की महत्ता का एक बड़ा कारण उसकी इस शिक्षा में निहित है कि नरक से बोधिसत्व तक के सभी नौ संसारों के सकारात्मक और नकारात्मक दोनों पहलू हैं (सिर्फ़ बुद्धत्व ही पूरी तरह से सृजनात्मक है), और वे जीवन के लिए ज़रूरी हैं। ऐसा सोच सकते हैं कि नरक की स्थिति में किसी भी बेहतरी की आशा नहीं है, पर वास्तव में ऐसा नहीं है। बेहतरी की गुंजाइश है। अव्वल तो यही बात कि नरक की कल्पना के बिना हम कभी सुख को जान नहीं सकते और फिर नरक की स्थिति से बाहर होने की इच्छा हममें कर्म करने की प्रेरणा पैदा करती है। उदाहरण के लिए, अगर हम भूख की पीड़ा को न झेलें तो हम कभी भोजन करना नहीं जान पायेंगे। इस तरह पीड़ा भी सुरक्षा का एक रूप हो सकती है। अगर हम आग से न जलें तो उसके बारे में न जानने के कारण ख़ुद को बुरी तरह से जला लेंगे। शायद सबसे महत्त्वपूर्ण बात यह है कि अगर हम ख़ुद पीड़ा से न गुज़रें तो हममें कभी भी दूसरों की पीड़ा के प्रति सहानुभूति पैदा नहीं होगी और न ही हम उनकी मदद करने के लिए प्रेरित होंगे। दूसरे शब्दों में, बौद्ध-धर्म में नरक का संसार सीधे बोधिसत्व के संसार की तरफ हमें ले जाता है।

भूख

भूख की स्थिति वह है जिसमें हमारी इच्छाओं का आधिपत्य रहता है। मनुष्यों में विभिन्न तरह की इच्छाएँ होती हैं—भोजन, स्नेह, नींद और सेक्स की सहजात वृत्तियों से लेकर प्रेम, सामाजिक न्याय और आत्मोन्नति जैसी ज़्यादा जटिल इच्छाओं तक। सबसे बलवती इच्छा, जो कि सभी दूसरी इच्छाओं को बनाये रखती है और मज़बूत बढ़ावा भी देती है, वह है हमारी जीते रहने की चाह।

इच्छाएँ जीवन की मुख्य संचालक शक्ति हैं। उदाहरण के लिए यह कहा जा सकता है कि हम पैसा कमाने के लिए काम करते हैं, सबसे पहले तो उन चीज़ों को ख़रीदने के लिए जो जीवन के लिए ज़रूरी हैं, तब शायद हम घर चला (परिवार बना) सकें और सम्भवतः अपने जीवन को जितना भी सम्भव हो ज़्यादा से ज़्यादा आरामदेह बना सकें। अगर हम यह सब करते हुए आनन्द प्राप्त करते हैं तो कुछ हद तक इनसे हमारी मानसिक और 'आध्यात्मिक' इच्छाओं की पूर्ति होती है। अगर ऐसा होता है तो वह आदर्श स्थिति कहलाएगी। अगर

हम यह महसूस करें कि हमारा अस्तित्व आवश्यक है तो हम अपने परिवार के भरण-पोषण के अलावा बृहत्तर समाज के लिए भी कुछ कर पाते हैं। इस प्रकार की कामना के बिना हम कुछ भी करने के लिए प्रेरित नहीं होते; विरक्त मनुष्य कुछ भी नहीं कर पाते।

हालाँकि इच्छाएँ जीवन के लिए आवश्यक हैं, फिर भी यह ज़रूरी है कि हम उन्हें नियन्त्रित करें। वह व्यक्ति जो अपनी इच्छाओं पर नियन्त्रण नहीं रख सकता, वास्तव में उनका गुलाम होता है और चूँकि इच्छाएँ कभी भी पूरी तरह से सन्तुष्ट नहीं होतीं तो ऐसे में लोग हमेशा अपने रहने की जगह, अपना पेशा, अपनी गाड़ियाँ, अपनी जीवन-शैली और अपने साथी बदलते रहते हैं। ये लोग हमेशा भूख की स्थिति में रहते हैं और उन्हें जो भी उपलब्ध होता है, उससे हमेशा असन्तुष्ट ही रहते हैं। उनकी सोच यह रहती है कि उनकी ख़ुशी इस बात में है कि वे ऐसी चीज़ें पायें या ऐसा अनुभव हासिल करें जो अभी उनकी पहुँच से परे है, चाहे वह पैसा हो, ख्याति हो, सत्ता हो, सम्बन्ध हो या फिर इसी तरह की कोई चीज़। अपने चरम रूप में इस स्थिति में जैसे ही व्यक्ति की मन-मुराद पूरी होती है, उसका आकर्षण ख़त्म हो जाता है और यह महसूस होने लगता है कि जो हासिल किया गया, वह काफ़ी नहीं है। इस अर्थ में तब भूख एक ऐसी मानसिक अवस्था है जिसमें अन्तर्मन हमेशा बेचैन रहता है और एक तीव्र इच्छा बनी रहती है कि कुछ और मिल जाने से उनकी सारी इच्छाएँ पूरी हो जायेंगी। इस इच्छा का कोई आधार नहीं होता और वह कभी भी पूरी नहीं होती।

फ्योदोर दोस्तोव्येस्की के लघु उपन्यास जुआरी (The Gambler) में, जिसकी पृष्ठभूमि जर्मनी में मध्य 19वीं सदी में प्रचलित जुएखाने हैं, पर आधारित था। यह समाज के एक सजीव रूप का चित्रण करता है, जो कि भूख की गिरफ़्त में था–

> *रात के दस बजे के बाद जब जुआखाना खाली होने लगता है, तब टेबुल के चारों तरफ जो लोग जुआ खेलते रह जाते हैं, वे असली और ज़िन्दगी पर दाँव लगाने वाले जुआरी हैं जिनके लिए जुए की चकरी (Roulette) ही सब कुछ है। वे, आसपास क्या चल रहा है, पर शायद ही ध्यान देते थे। और सालों भर किसी भी दूसरी चीज़ में दिलचस्पी नहीं लेते थे, सिवाय सुबह से आधी रात तक खेलने के और अगर मुमकिन हो तो वे पूरी रात भी खेलने को तैयार रहते। आधी रात को जब जुए की चकरी बन्द होती और उन्हें वहाँ से हटाया जाता तो वे हमेशा झुँझला जाते और जब*

बारह बजे के लगभग चकरी को बन्द करने के पहले मुख्य खजांची (Croupier, जिसका कार्य जुएखाने की तरफ से पैसों का लेन-देन करना होता है) जब यह घोषणा करता है, "महोदय, अन्तिम तीन दाँव (Les trois derniers coups, messieurs)"! तब कभी-कभी तीन अन्तिम दाँव पर अपनी जेबों की हर आख़िरी चीज़ों को दाँव पर लगाते और वास्तव में उसी समय वे सबसे बड़ी राशि खोते।

जैसा कि उपरोक्त वर्णन से पता चलता है कि स्वाभाविक रूप से भूख की दुनिया में कामनाओं की बाध्यता इतनी मज़बूत, इतनी प्रबल होती है कि यह किसी व्यक्ति की वास्तविकता की समझ को पूरी तरह से विकृत कर सकती है। एक इच्छा को पूरी करने की बाध्यता, सभी दूसरी ज़रूरी बातों का उन्मूलन कर देती है जिससे अच्छा निर्णय करने की क्षमता ख़त्म हो जाती है। इस पर बहस हो सकती है कि इस प्रकार की इच्छा की चरम सीमा में जाकर कोई भी व्यक्ति किसी भी प्रकार का निर्णय नहीं ले सकता, क्योंकि वह उस तीव्र इच्छा के अधीन होता है। उत्कट प्रेम इसी श्रेणी में आता है, जैसा कि वर्षों से चली आ रही कहावत 'प्यार अँधा होता है' बताती हैं।

निचिरेन दैशोनिन कहते हैं कि 'लालच भूख की दुनिया है' और इसमें से ज़्यादातर लोग इस तथ्य को नज़रअन्दाज़ करेंगे कि यह उन सारी सामान्य लोगों की सीधी-साधारण इच्छाओं का ज़ोर है, जो कि आज की गम्भीर मुसीबतों की जड़ है। व्यक्तिगत रूप से हम ख़ुद को इस कारण लालची नहीं मानेंगे कि हमें एक नयी कार या वाशिंग-मशीन चाहिए, लेकिन ऐसा है कि जिस समाज में हम रहते हैं वह हमारी छोटी-सी चाहत को भी इतना बड़ा बना देता है कि अगर हम सोचें कि हमारे पास क्या है, उन चीज़ों के अलावा जिनकी जीवन में नितान्त आवश्यकता होती है और हम कितना पाना चाहते हैं, हमारा लालच ज़्यादा स्पष्टता से दिखेगा। उदाहरण के लिए, निचिरेन दैशोनिन कहते हैं, "मनुष्य के पास दो तरह की निधि होती है : कपड़े और भोजन...मनुष्य जो खाता है, उसी से उसका जीवन चलता है। इसीलिए भोजन मनुष्य की निधि है।" यह तथ्य कि यह विश्वास से परे है कि तीसरी दुनिया के बाहर बहुत सारे लोग कपड़े और भोजन जैसी मूलभूत वस्तुओं को निधि के रूप में देखते हैं, जबकि वे जानते होंगे कि सैद्धान्तिक दृष्टि से यह कितना ज़रूरी है, इस बात का द्योतक है कि भूख की दुनिया से हमारी ज़िन्दगी कितनी विकृत हो चुकी है।

मूलतः यह लालच ही है जिसने हमारे वातावरण को इतनी क्षति पहुँचाई है।

हाल की ही बात है कि हमारे रहन-सहन के तरीकों को और ज़्यादा आधुनिक करने की इच्छा ने हमें अन्धा कर दिया है, जिसकी वजह से हम छोटे-छोटे फायदों के लिए उनके दुष्परिणामों को नहीं देख पा रहे हैं। यह तथ्य कि आज भी मनुष्य प्रकृति के साथ बलात्कार करने में संलग्न है, उसके परिणामों को दरकिनार करते हुए दर्शाता है कि सामूहिक रूप से, एक समाज की तरह, भूख की दुनिया हमें किस कदर प्रभावित करती है।

वस्तुतः यह प्रश्न करने योग्य है कि कुछ क्षेत्रों में ज़्यादा शानो-शौकत से रहने पर क्या यह पता चलता है कि हम पहले से अधिक सुखी हैं। उदाहरण के लिए, सिर्फ़ सौ साल पहले, एक संसदीय जाँच समिति को घोड़ा-गाड़ी से, लन्दन के पास लगभग चालीस मील तक, पश्चिम से पूरब की ओर यह जाँचने के लिए भेजा गया कि सड़क और यातायात की क्या स्थिति है। उनकी औसत गति 14 मील प्रति घण्टा थी। एक सौ बर्ष बाद जब एक दूसरी जाँच समिति को कार से उसी रास्ते से भेजा गया, तो उसकी गति 12 मील प्रति घण्टा थी। 2 मील प्रति घण्टा की गिरावट तो आयी ही, साथ-ही-साथ कार्बन मोनोक्सइड और लेड जैसी विषैली गैसों का प्रदूषण इतना ज़्यादा हो गया कि यह एक शताब्दी की प्रगति को ही दर्शाता है। जैसा कि ऑरेलियो पेसाई (Aurelio Peccei)* विश्लेषण करते हैं—"यह भ्रम कि विकास चाहे वह किसी भी प्रकार का हो, ख़ुद में अच्छा है, ने हमारे दिमाग़ को प्रदूषित कर रखा है और यह एक मिथ्या धारणा है जो कि आज भी हमारी आशाओं को बल देने में सक्षम है।"

इस प्रकार हम दोस्तोव्येसकी के सनकी जुआरियों के चित्रण से ज़्यादा दूर नहीं होते। हालाँकि भूख का एक सकारात्मक पहलू भी होता है, जो कि व्यक्ति विशेष की असन्तुष्टि की वजह से उसमें एक प्रकार की ऊर्जा का संचार कर देता है, जो कि उसे चाहिए होता है कुछ महान अर्जित करने हेतु। यह भूख ही थी (कुछ सन्दर्भों में अक्षरशः) जिसने पिछली शताब्दी में लोगों को अमेरिका जाने के लिए प्रेरित किया और यह भूख ही थी जिसने उन्हें पराई धरती पर ख़ुद को व्यवस्थित करने की प्रेरणा दी। ऐसा करते हुए उन्होंने अमेरिका को दुनिया का सबसे सक्षम आर्थिक देश बनाने में बहुत बड़ा योगदान दिया। इसी तरह यह उनकी शारीरिक भूख ही है जो कुछ लोगों को जी-तोड़ मेहनत करने पर मजबूर करती है, ताकि वे कमर-तोड़ ग़रीबी और अन्याय को ग़रीब, पिछड़े देशों से दूर कर सकें या फिर पूरी दुनिया में शान्ति देख सकें।

बौद्ध-धर्म के पूर्व के कुछ विचारों से पूरी तरह असहमति जताते हुए निचिरेन

* इतालवी विद्वान और उद्योगपति।

देशोनिन का बौद्ध-मत सिखाता है कि जीवन को नष्ट किये बिना इच्छाओं को नष्ट करना असम्भव है। और उनको दबाने का मतलब है कि उनका विकृतियों के विभिन्न रूपों में प्रकट होना। उदाहरण के लिए ग्लानि। इसलिए हमारे सामने सबसे बड़ी चुनौती है कि अपनी इच्छाओं को आदर्श रूप देकर सृजनात्मक और मूल्यवान बनायें।

(ऑरेलियो पेसाई (Aurlio Peccei) इतालवी विद्वान और उद्योगपति। 'क्लब ऑफ रोम' (the Club of Rome) के जन्मदाता और 'उससे पहले कि जब बहुत देर हो जाये' (Before It Is Too Late) देसाकु इकेदा के साथ लिखी। 1972 में क्लब ऑफ रोम की पहली रिपोर्ट ''विकास की सीमा (Limits of Growth)', छपी तो लोगों में बहस शुरू हुई कि युद्ध और असन्तोष के बिना ही मनुष्य विनाश की ओर अग्रसर है। 'क्लब ऑफ रोम' ने भविष्य की स्थिति जानने के लिए एक वैज्ञानिक तरीके का इस्तेमाल करने का निर्णय किया। दोन्नेल्ला मीडो (Donnella Meadows), डेनिस मीडो (Dennis Meadows) और जोर्गोन रेंदर्स (Jorgon Randers) तीन युवा शोध-कर्ता थे MIT में, जिन्होंने दुनिया का एक गणितीय ढाँचा तैयार किया, जिससे पता चलता है कि अगर हम 'प्राकृतिक संशाधनों का दोहन इसी तरह करते रहें(business as usual)' तो हमारा अन्त सम्पूर्ण विनाश में होगा।)

अनिवार्य रूप से इसका मतलब है कि हमारी स्वार्थी चाहत कुछ क्षणों के लिए शान्त होकर ख़ुशी दे सकती है, लेकिन मूलतः हमारी आत्मिक ख़ुशी किसी-न-किसी तरह से काम करने की इच्छा से बँधी रहती है, चाहे वह दूसरे आदमी और स्त्रियों की खुशियों के लिए स्पष्ट रूप से महत्त्वहीन ही हो।

पशुता

जैसा कि नाम से ही स्पष्ट होता है कि पशुता का संसार वह है, जिसमें हम पशुओं की तरह व्यवहार करते हैं। आज के विवेकशील मनुष्य (Homo sapiens) एक अलग और शक्तिशाली प्रजाति बनाते हुए, प्रधान जीव के रूप में अरबों सालों में विकसित हुए थे, इसीलिए इसमें आश्चर्य नहीं है कि हम आज भी जानवरों से काफ़ी साम्य रखते हैं। जहाँ भूख की स्थिति में इच्छाओं का हम पर आधिपत्य होता है, वहीं पशुता की स्थिति में हम अपनी सहजात वृत्ति के अधिकार में होते हैं। जानवरों की तरह ही हमारी अन्तः प्रेरणा हमें अपने वातावरण के अनुसार ढलने में या फिर उनका फायदा लेने के योग्य बनाती है और इस प्रकार जीवन-यापन में सहारा होती है, अकेले भी और जाति के रूप में भी। भय का अन्तर्बोध हमें ख़तरे से सावधान भी करता है, नींद का अन्तर्बोध ज़रूरी होता है जिजीविषा में ताजगी लाने के लिए, सेक्स का अन्तर्बोध समूह को स्थायी बनाता है और ऐसा

ही और भी। हालाँकि ये अन्तर्बोध ख़ुद को इच्छाओं के रूप में प्रकट करते हैं (जैसे कि थके होने पर नींद की इच्छा होना)। ये भूख की दुनिया की कामनाओं से अलग होते हैं, जो कि जीवन जीते रहने के लिए पूरी तरह से अनिवार्य होती हैं। जब हम भूख महसूस करते हैं, तब खाने लगते हैं और जैसे-जैसे हमारा पेट भरने लगता है, हमारी भूख घटने लगती है और हम तब तक के लिए खाना बन्द कर देते हैं, जब तक हमें फिर से भूख नहीं लगती। हमारा अन्तर्बोध हमें फिर से खाने के लिए प्रेरित नहीं करता। बिना भूख के खाने पर यह विरोधाभासी लग सकता है। हम भूख की उस दुनिया में पहुँच जाते हैं, जो कि लालच और असन्तुष्ट इच्छाओं की दुनिया है। इस मामले में खाने की वजह पूरी तरह से मनोवैज्ञानिक है—हो सकता है अनिवार्य रूप से, इसका मतलब है कि हमें सांत्वना की ज़रूरत हो या फिर शायद हमारे अवचेतन में हमारे माता-पिता के स्नेह से खिलाने का कोई जुड़ाव हो या फिर शायद किसी खास स्वाद के लिए हमारी तीव्र इच्छा बाकी सारी बातों को नज़रअन्दाज कर देती हो।

हालाँकि यहाँ सवाल उठता है कि ज़्यादातर पशुओं वाला अन्तर्बोध हममें मौजूद है। उदाहरण के लिए, जैसा कि निचिरेन दैशोनिन कहते हैं, "यह जंगली प्रवृत्ति है कि कमज़ोर को डराना और मज़बूत से डरना।" इस हिसाब से कोई भी समाज या संस्था, जिसमें बाल की खाल निकालना प्राथमिकता है, जिसमें ख़ुद से बड़ों को साष्टाँग प्रणाम करते हैं और छोटों पर शासन करते हैं; मूल रूप में पशुता है। इस बात का कोई मतलब नहीं रह जाता कि वह समाज या उसके लोग बाह्य रूप में कितने सभ्य लगते हैं। इस प्रकार की पशु-वृत्ति शायद ज़्यादातर सैनिक या पुलिस फोर्स जैसे श्रेणीबद्ध संगठनों में देखने को मिलती है, लेकिन वास्तव में यह पूरे समाज में फैली होती है। व्यापार में, प्रशासन में, पेशों में—यहाँ तक कि राजनीति और कुछ धार्मिक संस्थाओं में भी, जो कि मनुष्यों में समानता और भाईचारे की बात करते हैं।

शक्ति का उपयोग अपने मतलब के लिए या फिर किसी का पक्ष लेने के लिए करना पशु-वृत्ति की दुनिया का दूसरा चित्रण है और ज़्यादातर यही मतलब होता है 'जंगल के नियम' का। जानवरों के लिए क्षेत्रीयता और आक्रामकता ख़ुद के बचाव के लिए होती है। उदाहरण के लिए, भोजन के लिए निश्चिन्त होना या अपने साथी या परिवार की देख-भाल करना—साथ-ही-साथ श्रेणीबद्ध समूह के लिए स्थान निर्धारित करना। सब मिलाकर देखा जाये तो वे अपने इन क्रिया-कलापों को मनुष्य के समाज में भी पूरा करते हैं। उदाहरण के लिए, व्यक्तिगत स्तर पर, लोगों की पशुता देखने के लिए सिर्फ़ एक किसी आवश्यक चीज़, जैसे कि ब्रेड

की किल्लत के बारे में बताने पर, लोग उछलकर दुकानों की तरफ भागते हैं और दुकान की दुकान खाली कर देते हैं और वास्तव में, अगर किसी को दुकानदारी के समय में किसी बड़ी दुकान में काम करना पड़ता है तो उसे पता होगा कि मनुष्य में कैसी पशुता होती है। संस्थाओं की पशुता तब देखी जा सकती है, जब वे अपनी सामर्थ्य का इस्तेमाल एक बड़े समुदाय की तुलना में अपने सदस्यों को लाभ दिलाने में करते हैं। जैसे कभी-कभी यूनियन वाले लोग अपनी सामर्थ्य का उपयोग मजदूरी बढ़ाने में करते हैं, बिना यह सोचे कि इससे स्वाभाविक रूप से कीमतों में इज़ाफ़ा हो जायेगा या फिर जब व्यापार-संघ या एकाधिकारी तत्त्व (Monopoly forces) सिर्फ़ ज़्यादा मुनाफे के लिए कीमतों में बढ़ोत्तरी करते हैं। पशुता सभी राजनीतिक और सामाजिक विभाजन को पार कर जाती है और अपने नकारात्मक स्वरूप में हमेशा घृणित होती है। बिना किसी सन्देह के यह मनुष्यों की पशुता की दुनिया ही थी, जिसने टॉमस हॉब्स (Thomas Hobbes) को मनुष्य के जीवन को "अकेला, ग़रीब, दुष्ट, पशुवत और छोटा" चित्रित करने के लिए प्रेरित किया और जिसे वह मनुष्य की सामान्य स्थिति मानता था।

इन सबसे ऊपर, जैसा कि निचिरेन दैशोनिन के मुताबिक पशुता 'मूर्खता' है। हालाँकि हम साफ़ तौर पर पशु की दुनिया का हिस्सा हैं। हम दूसरे पशुओं से पृथक हो जाते हैं, क्योंकि हमारे पास क्षमता होती है अपने वातावरण और अपने सम्बन्धों के बारे में निर्णय करने की। जब हम अपनी इस योग्यता का इस्तेमाल नहीं करते, तब पूरी तरह से पशुता की दुनिया में होते हैं।

उदाहरण के लिए, शायद पशुओं को समय के बीतने का ज्ञान नहीं होता। उन्हें रौशनी और अँधेरे से दिन-रात की जानकारी होती है और वे मौसम के बीतने पर ज़रूर प्रतिक्रिया देते हैं। उदाहरण के लिए, प्रवासी पशुओं के पास गजब की शक्ति होती है, सही समय पर अपने ठण्डे या गर्म घर जाने की, समय को पहचानने की, पर उत्तम नर-वानर को छोड़कर किसी घटना के सम्बन्ध में स्मृति, चाहे वह याद रखी गयी हो या देखी गयी हो, पूरी तरह से गायब होती है। व्यवहारतः पशु वर्तमान काल में मग्न ख़ुशी-ख़ुशी जीवन बिताते हैं, प्रकृति और ख़ुद के अन्तर्बोध की उत्तेजना के अनुसार कार्य करते हुए।

इसके विपरीत मनुष्यों में एक आन्तरिक लौकिक अहसास होता है, जिससे हमें पूर्व में घटित घटनाओं की सीख होती है और भविष्य की योजनाओं को बना सकते हैं, कई बार सुदूर भविष्य की। उदाहरण के लिए, आज का मनुष्य (Homo sapiens) अकेला प्राणी है जिसने पेंशन योजना बना रखी है। लेकिन जब हम भी सिर्फ़ वर्तमान में डूब जाते हैं और अपनी सहजात वृत्ति के अनुसार

कार्य करने लगते हैं बिना उसके परिणामों की परवाह किये हुए, तब हम एक बार फिर पशुता की, 'मूर्खता की' दुनिया में चले जाते हैं। उदाहरण के लिए, अगर कोई व्यक्ति अपनी ख़ुशी में लीन किसी पार्टी में ज़्यादा शराब पीता है, यह जानते हुए भी कि उसे गाड़ी को चलाते हुए घर जाना है, अपनी जान (और दूसरों की) सिर्फ़ तात्कालिक ख़ुशी के लिए दाँव पर लगाता है। इस स्थिति का वर्णन करने के लिए एक शब्द ही पर्याप्त है—'मूर्खता'। बेपरवाह और बेवकूफ़ दूसरे शब्द हैं। जैसा कि दैसाकू इकेदा टिपण्णी करते हैं, "अन्तर्बोध के अनुसार कार्य करना घोर विपत्ति को न्योता देना है और जो लोग अपने अन्तर्बोध के अनुसार कार्य करते हैं, उनका अपने भाग्य पर कोई नियन्त्रण नहीं रह जाता है।" इस नियन्त्रण की कमी, विशेषतः ख़ुद पर नियन्त्रण की कमी का अहसास उन लोगों को जो अपने अन्तर्बोध से संचालित होते हैं, तब होता है जब वे अपने से ज़्यादा उच्च योग्यता के लोगों से मिलते हैं। निचिरेन दैशोनिन टिप्पणी करते हैं, "मछली ज़िन्दा रहना चाहती हैं, वे तालाब के उथले होने के कारण दुखी होती हैं और छिपने के लिए गड्ढा खोदती हैं, फिर भी काँटे (बंशी) में लगे मांस के लोभ के कारण फँस ही जाती हैं।" पेड़ पर बैठे पक्षी को डर होता है कि वह बहुत नीचे है, इसलिए वह सबसे ऊँची डाल पर घोंसला बनाता है, फिर भी दाने के लालच में पड़कर जाल में फँस ही जाता है। मानव जाति भी इतनी ही दुर्बल होती है। मनुष्यों ने इतने बड़े पैमाने पर पशुओं को पालतू बनाया है, अपने अधीन किया है तो यह ताकत के बल पर नहीं बल्कि बुद्धिमानी के कारण किया है। सुस्पष्ट रूप से सहजात क्रिया-कलापों का पूरी तरह से पूर्वानुमान किया जा सकता है। जैसा कि निचिरेन दैशोनिन का अन्तिम वाक्य बताता है, अगर हम अपने अन्तर्बोध के वश में रहेंगे तो कोई भी हमें अपनी अँगुलियों पर नचा लेगा। राजनीतिज्ञ और विज्ञापन से जुड़े लोग यह बखूबी जानते हैं (यह संयोग नहीं है कि जॉर्ज ऑरवेल 'George Orwell' ने तानाशाही पर अपनी प्रसिद्ध व्यंग्य रचना 'पशुओं का बाड़ा'—Animal Farm पर आधारित की। अधनंगी लड़कियाँ (बिकनी पहनी) कुछ भी बेच सकती हैं, कभी-कभी बिकनी भी।

लेकिन शायद पशुता के संसार की सबसे बड़ी मूर्खता है अपने ही अस्तित्व की मूल वजह को समाप्त करने की प्रवृत्ति। जानवरों की दुनिया में मज़बूत कमज़ोर को खा जाता है। लेकिन दूसरी ओर वही मज़बूत कमज़ोर पर निर्भर भी रहता है, जो कि तेज़ी से बढ़ते हैं उनकी भूख मिटाने के लिए। अगर कमज़ोर किसी वजह से, जैसे बीमारी से ऐसा नहीं कर पाता, तो मज़बूत जानवर का अस्तित्व ही ख़तरे में आ जाता है। बिना यह सोचे कि इसका परिणाम क्या होगा, वे अपनी सहजात वृत्ति के अधीन होकर न तो रुकते हैं और न ही कोई विकल्प खोज सकते हैं और

वे तब तक कमज़ोर को खाते ही रहते हैं जब तक कि कोई अनर्थ न हो जाये। पिछड़े देशों पर कर्ज़ का संकट इस पशुता-प्रवृत्ति का सुन्दर उदाहरण है, जो कि इतनी उच्च-क्षमता वाले वित्त-संचालन, कृत्रिम और कम्प्यूटरों से पटी है। अगर हम विस्तृत रूप से देखें तो आश्चर्य होगा कि एक प्रजाति के रूप में आख़िर हम हथियारों पर इतना पैसा खर्च करने में कब तक सक्षम रहेंगे, जबकि पूरी दुनिया में ग़रीबों को रोटी नहीं मिलती। अगर हमें इस बात का प्रमाण चाहिए कि पशुता कि दुनिया का अस्तित्व है तो उपरोक्त उदाहरण से बढ़िया उदाहरण नहीं हो सकता।

नरक, भूख और पशुता के तीन संसार पाप के तीन मार्ग कहलाते हैं। ये बहुत आसानी से एक-दूसरे में मिल जाते हैं, लोगों को निम्न जीवन स्तर में जकड़ते हुए। मान लीजिए कि आपके पास बहुत थोड़े-से पैसे हैं, शायद सिर्फ़ इतने ही कि आप ख़ुद को जीवित रख सकें और मान लीजिए कि कुछ चीज़ों को आप ख़रीदना चाहते हैं पर पैसों के आभाव में ख़रीद नहीं पाते। इन चीज़ों को ख़रीदने की आपकी इच्छा भूख से आती है और इसमें विफल होने पर आप यातना में पहुँच जाते हैं, जो कि नरक की स्थिति होती है। अगर आप हताशा से इतने उग्र हो जाते हो तो किसी दूसरे की चीज़ों को चुरा लेने का निर्णय कर लेते हैं, जिसके कारण आप पशुता की स्थिति में पहुँच जाते हैं। अगर तब आप पकड़े जाते हैं और आपको जेल भेज दिया जाता है तो फिर सम्भवतः आप ख़ुद को नरक की स्थिति में पाते हैं। एक दूसरा उदाहरण लेते हैं, मान लें कि आपका अपनी पत्नी या प्रेमिका के साथ त्रासद रिश्ता है। आपको प्यार और अपनेपन की सख़्त ज़रूरत है, जो कि अब उस रिश्ते में नहीं रह गया है और आप किसी दूसरे के साथ सम्बन्ध में राहत महसूस करते हैं। कुछ समय तक आप इस रिश्ते में मग्न रहते हैं और भविष्य के बारे में सोचने से कतराते हैं, लेकिन आपको अहसास होता है कि आपको ठगा गया है और आप ग्लानि महसूस करते हैं, आपका नया रिश्ता टूटने लगता है और जल्द ही आप ख़ुद को पहले से भी ज़्यादा दुखी पाते हैं। ये सारे सरल उदाहरण (हालाँकि असाधारण नहीं) हैं, लेकिन इस प्रकार पाप के तीन संसार के बीच असंख्य सूक्ष्म योग्यताओं के साथ घूमते रहना बहुतों के जीवन में हमेशा घटित होता है।

क्रोध

एक प्रकार से पाप के तीन मार्ग अन्धेपन की स्थिति है : अन्धापन—नरक का विनाशकारी रोष, अन्धापन—हर चीज़ की इच्छा रखने की भूख और अन्धापन—पशुता का तीव्र अन्तर्बोध और ऐसी ही सभी की प्रवृत्ति होती है। वेदना में लड़खड़ा जाना। क्रोध, दस संसार की चौथी स्थिति, हालाँकि निश्चित रूप से जीवन की

निम्न स्थिति में से एक (और प्रायः पहले तीन संसारों के साथ मिलकर पाप के चार मार्ग बनता है), नरक से, भूख से और पशुता से पृथक है, क्योंकि इसमें एक तरह का आत्म-बोध रहता है। दस संसार के सम्बन्ध में क्रोध को अहम के कार्यों के सदृश्य रखा जाता है। यह चेतना का वह हिस्सा होता है, जिसमें व्यक्ति अपनी अद्वितीयता और शेष ब्रह्माण्ड से उसके प्रत्यक्ष अलगाव से अवगत होता है। जैसा कि अर्नोल्ड टॉयनबी टिपण्णी करते हैं–

> *एक व्यक्ति ब्रह्माण्ड से कुछ हद तक अलग होता है और कुछ हद तक जुड़ा होता है। यह सम्बन्ध व्यक्ति को प्रवृत्ति और आचरण प्रदान करता है। व्यक्ति बाकी की दुनिया को दबाने की, शोषण करने की चेष्टा कर सकता है। कहने का आशय यह है कि वह ख़ुद को पूरे ब्रह्माण्ड का मुख्य केन्द्र (raison d'etre) बनाने की, उद्देश्य बनाने की कोशिश कर सकता है। और जब तक उसके अन्दर यह लालची इच्छा रहेगी उसका कार्य पाप का होगा।*

निचिरेन दैशोनिन क्रोध की मुख्य विशेषता दुराग्रह मानते हैं। जब अहम ख़ुद को ब्रह्माण्ड का केन्द्र मानने लगता है तो मूलभूत नज़रिए को विकृत व नष्ट कर देता है। क्रोध की स्थिति में स्वयं का प्रभुत्व स्थापित करने की इच्छा, पशुता की स्थिति से इस मायने में भिन्न होती है कि इसमें स्वयं का ज्ञान होता है। शेर को भले ही 'जानवरों का राजा' कहा जाता हो, लेकिन इसमें कोई सच्चाई नहीं है कि वह इस तथ्य से अवगत होगा; वह तभी किसी को मारता है, जब उसे भूख लगती है, न कि अपना ज़ोर दिखाने के लिए। दूसरे शब्दों में, पशुता में आप अपनी शक्ति के हिसाब से हारते या जीतते हैं; क्रोध में आप अपनी ताकत को नज़र-अन्दाज़ कर जीतना चाहते हैं।

तब क्रोध का मतलब क्रोधित होने से नहीं समझाना चाहिए। क्रोध की स्थिति में होना अपना आपा खोना नहीं है। बल्कि, क्रोध एक ऐसी स्थिति है जिसमें हम ख़ुद पर केन्द्रित हो कर मानने लगते हैं कि हम दूसरे लोगों से मूलतः बेहतर हैं और जिसमें हमें ये कल्पित विशिष्टता दूसरों को दिखलाने में हार्दिक प्रसन्नता होती है। तेन-ताई (T'ien-t'ai)* ने अपनी एक प्रसिद्ध रचना में क्रोध का इस प्रकार वर्णन किया है–

> *जो व्यक्ति गुस्से की जकड़न में होता है, उसमें हर दूसरे से जीतने का एक अत्यन्त सम्मोहक आवेग होता है। बिल्कुल*

---

* चीही (Chih 'i), तेन ताई/तेंदाई (T'ien-T'ai /Tendai) के चीनी संस्थापक।

उस बाज़ की तरह जो भोजन की तलाश में आकाश की ऊँचाइयों में उड़ता है, वह दूसरों को नीची निगाह से देखता है और केवल ख़ुद का आदर करता है। वह दिखावा करता है परोपकारिता, सदाचारी, मर्यादा, ज्ञान और विश्वास का और यहाँ तक कि वह अखण्ड नैतिकता के आदिम स्वरूप का भी दिखावा करता है, पर भीतर से वह विकराल अहंकारी होता है।

दिलचस्प रूप से टॉम वोल्फ (Tom Wolfe's)* के इतिवृत्त प्रथम यात्री 'सही व्यक्ति (The Right Stuff)' का अवतरण तेन-ताई के चित्रण से अदभुत साम्य रखता है–

उषा-काल में एफ-100 (F-100) में उड़ना, फिर पीछे से निकलने वाली आग को (गति बढ़ाने वाले इंजन) बन्द करना, तब पच्चीस हज़ार फीट की ऊँचाई से इतनी तेज़ी से झपटना। आप चिड़ियों की तरह नहीं, बल्कि मिसाइल के गुज़रने वाले पथ जैसा महसूस करते हैं। तब भी पूरा नियन्त्रण, पाँच हज़ार किलो के दवाब पर पूरा नियन्त्रण, जो कि सिर्फ़ आपके चाहने से उड़ता है और अँगुलियों से नाचता है...इसका वर्णन करना, यहाँ तक कि पत्नी से, बच्चों से या फिर किसी नज़दीकी व्यक्ति से असम्भव प्रतीत होता है अपने गुनाहों की स्वीकारोक्ति के मुकाबले भी विशिष्टता का अनुभव, अपने या अपनी तरह के लिए उपयुक्त, सही सामान का अकेला प्रयोग करने वाला। उषा-काल में इतनी ऊँचाई से पायलट ग़रीब इच्छा-रहित लॉस वेगास को तिरस्कार से देखता है (अथवा पेरिस, लन्दन या दिल्ली को) और आश्चर्य करता है कि कैसे वे सब जो नीचे हैं, वे निरीह प्राणी जो जल्दी ही सोकर उठेंगे और अपने छोटे चकोर घर से भद्दी-सी चाल से निकलेंगे और अपने घुमावदार राजमार्गों के खांचों और छिद्रों पर अपने जीवन-यापन हेतु सरकेंगे–वे इस तरह कैसे जीते हैं, वह भी इतनी तत्परता के साथ, अगर उन्हें इस ऊँचाई वाली जगह का तनिक भी भान होता! लेकिन हाँ, ज़रूर सिर्फ़ थके-माँदे, ज़मीन पर वापस लौटे

---

* टॉम वोल्फ (Tom Wolfe) अमेरिका का बहुत बिकने वाला लेखक और पत्रकार।

और मरे हुए पायलट ही नहीं पीछे छोड़े गये, बल्कि नींद में चलने वाली सभी करोड़ों आत्माओं ने कभी कोशिश ही नहीं की। पूरी दुनिया...पीछे रह गयी। केवल इस बिन्दु पर क्या कोई समझ सकता है कि सैनिक पायलट का अहम कितना बड़ा, कितना विशाल हो सकता है। दुनिया को अभ्यास था कलाकारों, अभिनेताओं, विभिन्न तरह के खेल दिखाने वाले लोगों, नेताओं, खेल की दुनिया के सितारों और यहाँ तक कि पत्रकारों के जानलेवा अहम को देखने का, क्योंकि इनके पास अपना अहम प्रकट करने के कई आसान और सुविधाजनक रास्ते होते हैं। पर वह छरहरा युवा जो वर्दी में था, अपनी कलाई पर बच्चों की पसन्द वाली बड़ी घड़ी पहने हुए, वह युवा अधिकारी जो इतना शर्मीला था कि उड़ान के अतिरिक्त किसी विषय पर अपना मुँह नहीं खोलता था—वह युवा पायलट—मेरे दोस्तो, उसका अहम बड़ा होता है, इतना बड़ा कि जान ले ले!

क्रोध की स्थिति में होने वाला व्यक्ति हार नहीं स्वीकारेगा। साधारणतया वह सर्वोत्तम ही होगा। उसके पास सबसे अच्छी नौकरी, सबसे ऊँची तनख्वाह, सबसे सुन्दर बीवी। संक्षेप में, कोई भी चीज़ और सब कुछ ऐसा होगा जो उसे दूसरों से अलग और ऊँचा करेगी, मानवता की सामान्य भीड़ से। हेकड़ी, घमण्ड, दूसरों की अवमानना करना (अक्सर करुणा के प्रोत्साहन के रूप में), बहुत ही तीखी आलोचना और एक शक्तिशाली प्रतियोगी चाह (जिसके कारण दूसरों से संघर्ष होता है)। ये सभी क्रोध के स्वरूप हैं। प्रसिद्धि की चाह इसकी अभिव्यक्ति का सर्वोत्तम उदाहरण है, कारण कि अहम को सन्तुष्ट करने के लिए और कुछ नहीं चाहिए अगर बहुत सारे लोग तुम्हारा आदर करते हैं, कई सफल व्यक्ति इस क्रोध के कारण ही प्रेरित होते हैं, जो कि एक कारण होता है, वे इतना अच्छा कर पाते हैं। क्रोध हालाँकि अमीर और प्रसिद्ध लोगों तक सीमित नहीं होता, यहाँ तक कि बिल्कुल साधारण स्थिति में एक सामान्य दफ़्तर में कहते हैं कि क्रोध का संसार उपस्थित हो सकता है। उदाहरण के लिए, साथ काम करने वाले व्यक्ति की निन्दा-परक गप-शप से।

क्रोध की दुनिया के लोगों के बारे में एक रोचक तथ्य यह है कि हालाँकि प्रायः ख़ुद के बारे में गहरी चिन्ता उनमें कहीं गहरे में जाकर छिप जाती है, चिन्ता जो ख़ुद को छिपा लेती है और ख़ुद की महत्ता के स्वीकार से इसकी क्षतिपूर्ति

करती है। प्रायः इस प्रकार की हीनता इतने गहरे में पैठी होती है कि क्रोध की स्थिति के व्यक्ति को इसका अहसास नहीं होता यह एक कारण है जब वह किसी की कमज़ोरी की आलोचना करते वक़्त इतना सख़्त हो जाता है, अवचेतन स्तर पर वह ख़ुद की हार को पहचानता है अपनी कठोरतम टिप्पणियों में, वह अपने अवचेतन मन की बात से इनकार करता है। दूसरी ओर जो क्रोध की स्थिति वाले व्यक्ति के बाह्य आवरण से मूर्ख न बनकर उसके अन्दर की छिपी चिन्ता को देख लेते हैं, तब वह ख़ुद को उघाड़े जाने के कारण आपके प्रति नापसन्दगी और शत्रुता का भाव रखेगा। दूसरों के सामने उतना नहीं, जितना उसके ख़ुद के सामने– परिणामस्वरूप आपको अनदेखा करेगा। किसी भी कीमत पर अहम की रक्षा होनी चाहिए, चाहे भागना ही क्यों न पड़े। जैसा कि निचिरेन दैशोनिन कहते हैं, "एक घमण्डी व्यक्ति भयभीत हो जाता है, जब वह एक मज़बूत शत्रु से मिलता है।"

बड़े पैमाने पर क्रोध ख़ुद को राष्ट्रीयता, जाति, लिंग और धार्मिक एवं राजनीतिक असहिष्णुता के रूप में प्रकट करता है, जैसा कि डॉक्टर ब्रायन विल्सन (Dr. Bryan Wilson), जो कि धर्म के सामाजिक प्रभाव के दुनिया के मशहूर जानकारों में से एक हैं, ने बताया है, "किसी समूह में अत्यधिक निष्ठा ज़्यादातर दूसरे समूह के प्रति अवमानना की वजह से होती है।" दूसरे शब्दों में, किसी भी तरह का भेदभाव, जो लोगों में अनेक तरह की भिन्नता देखता है, प्रमाण होता है सम्भावित हीनता अथवा विशिष्ट कुटिलता की अभिव्यक्ति का जिसे निचिरेन दैशोनिन क्रोध का केन्द्र निरूपित करते हैं।

हालाँकि जिस प्रकार पाप के तीन मार्ग में सकारात्मक कार्य निहित है, उसी प्रकार क्रोध में भी यह ऊर्जा का स्रोत है जो कि ज़रूरी होता है अन्याय और असमानता से लड़ने में। यह क्रोध ही है, स्वयं का ज्ञान होना, जो हमें हमारी और दूसरों की अन्तर्निहित आत्म-सम्मान की रक्षा में सबल करता है और उन लोगों का मुकाबला करने की शक्ति देता है, जो अपना प्रभुत्व जमाना, दबाना या चालाकी करना चाहते हैं। इस सन्दर्भ में क्रोध एक तीव्र प्रेरक शक्ति है व्यक्तिगत और सामाजिक बदलाव के लिए और उतना ही सृजनात्मक हो सकता है, जितना प्रायः विध्वंसक होता है।

प्रशान्ति

जैसा कि नाम बताता है, प्रशान्ति, दस संसार में पाँचवाँ, शान्ति या आराम की स्थिति है। प्रशान्ति का एक बड़ा काम है ऊर्जा को पुनः संचित करना। इस स्थिति में सिर्फ़ ऐसा नहीं है कि दिन भर कमर-तोड़ मेहनत की थकान के बाद

आप पैर पसारकर बैठ जाते हैं। यह मनुष्य जीवन की मूलभूत स्थिति के बारे में शिक्षा देता है, इस प्रकार इस स्थिति को मानवता की दुनिया भी कह सकते हैं।

ऐसा मानना किंचित भ्रम पैदा कर सकता है कि प्रशान्ति मानवता की मूल स्थिति है, जैसे रोज़मर्रा के जीवन में लोग तब ज़्यादा ऊर्जावान होते हैं, जब वे विवादी और आक्रामक होते हैं। इसका कारण तब सबसे बेहतर ढंग से समझा जा सकता है जबकि हम 'मानवीय' को 'मानवता' में बदल दें और याद रखें की जब लोग एक-दूसरे से झगड़ा करते हैं तो वे अपनी मानवता नहीं प्रदर्शित करते, बल्कि अपना क्रोध और पशु-वृत्ति दिखलाते हैं। दूसरे शब्दों में, प्रशान्ति की दुनिया मानवता की दुनिया है, क्योंकि जब लोग सच में दयालु होते हैं तो वे ख़ुद में शान्ति महसूस करते हैं।

निचिरेन दैशोनिन कहते हैं, कि 'शान्ति की स्थिति ही मानवता है, जबकि दूसरे बौद्ध ग्रन्थ इस स्थिति की आठ विशेषताएँ चिह्नित करते हैं : बुद्धिमत्ता, श्रेष्ठता, सूक्ष्म चेतना, वाजिब निर्णय, उच्च ज्ञान, सच और झूठ को अलग करने की क्षमता, पूर्व के पुण्य (जिनकी वजह से उसका जन्म मनुष्य रूप में हुआ)। जैसा कि हमने पशु-वृत्ति की समीक्षा करते वक़्त देखा था, उच्च स्तर की विकसित क्षमताओं के कारण मनुष्य मूलभूत रूप में जानवरों से पृथक होते हैं जिससे वे ख़ुद को प्रकृति से और भी विचारणीय तरीके से संलग्न कर सकते हैं। हालाँकि कहने का यह आशय कदापि नहीं है कि मनुष्य हमेशा ऐसा करते ही हैं। स्पष्ट रूप से कहें तो जब मनुष्य बिना परिणामों पर विचार किये अपने अन्तर्बोध से कार्य करते हैं तो वह पशु-वृत्ति में होता है और जब वह सोच-विचार कर कार्य करता है तो मानवता की स्थिति होती है।

प्रशान्ति मूलभूत रूप में तटस्थ स्थिति होती है जिसमें आप ख़ुद को तब पाते हैं जब आपका वातावरण आपको न तो उकसाता है और न ही दुखी करता है। और इस प्रकार अन्य स्थितियों के साथ चौथा पथ पुकारा जाता है। इस स्थिति में आप अमूमन अपने अधोगामी जीवन-स्तर के नियन्त्रण में होते हैं। और इसलिए आसानी से आवेश या क्रोध में नहीं आते। आप दूसरों का ध्यान रखते हैं, भावनात्मक रूप से नहीं बल्कि विवेक से। और न तो झगड़ते हैं और न ही उसका आनन्द उठाते हैं।

उदाहरण के लिए, कल्पना करें कि आप भीड़-भाड़ वाले व्यस्ततम बाज़ार की गली में हैं। उसमें सारे लोगों की विभिन्न जीवन-स्थितियाँ होंगी, लेकिन उनकी भीतरी स्थिति चाहे जो भी हो, वे शान्ति से ख़रीदारी करते रहेंगे, वे पूरी तरह से प्रशान्ति की स्थिति में होंगे। लेकिन कल्पना करें कि आप अनजाने ही किसी

से टकरा गये। वह गुस्से से झल्लाता है और आपकी मूर्खता के लिए फ़ज़ीहत करता है, जबकि आप यह देखकर कि यह मामूली टक्कर अनजाने में हुई थी, जिसमें किसी को चोट भी नहीं आयी, बस माफ़ी माँगते हैं। जिस व्यक्ति से आप टकराते हैं, उस व्यक्ति के जीवन में क्रोध की तीव्र प्रवृत्ति होती है और उसकी मानवता छोटी-छोटी बातों में लुप्त हो जाती है। इसके विपरीत आप सही निर्णय कर पाते हैं और ख़ुद को नियन्त्रित रखते हैं और इस प्रकार मानवता या प्रशान्ति की स्थिति में बने रहते हैं।

हालाँकि इस स्थिति के साथ एक समस्या यह है कि मूलतः तटस्थ रहते हुए भी यह कई प्रकार के प्रभावों से अति संवेदनशील है और इसे बनाये रखना मुश्किल है। इसीलिए अगर कोई दूसरा अपना अप्रिय बर्ताव जारी रखता है तो यह सीधी-सी बात है कि वह मानवता की स्थिति से क्रोध की स्थिति में फिसल जाता है। ज़्यादातर तर्क इसी पद्धति का अनुसरण करते हैं और सब जानते हैं कि बार-बार उकसाये जाने पर भी अपना आपा न खोने के लिए बहुत संयम की ज़रूरत होती है। यह इसलिए कि मानवता की स्थिति बहुत स्थिर नहीं होती और इसीलिए इसके पास इतनी सामर्थ्य नहीं होती कि भूख, क्रोध और पशु-वृत्ति की स्थिति का सामना कर सके।

अपनी चरम सीमा पर प्रशान्ति पूरी तरह से नकारात्मक होती है। आलस्य, किसी कार्य को न करने की इच्छा का उदाहरण है। नाव को न खेने की इच्छा, समस्याओं और कठिनाइयों को दूर करने की अनिच्छा, क्योंकि उथल-पुथल के कारण ख़ुद का जीवन निम्न होगा, हालाँकि यह अत्यावश्यक होता है। इसलिए उपेक्षा इस स्थिति की एक दूसरी अभिव्यक्ति है, जैसे—उदासीनता, जिसमें हम ख़ुद को या अपने वातावरण को और अच्छा बनाने पर ध्यान नहीं देते। वास्तव में, वह समाज जो अपनी परेशानियों को जानते हुए भी बैठकर घण्टों टीवी देखता है तो वह प्रशान्ति की चरम सीमा पर कहलायेगा।

वास्तव में, पश्चिमी समाज प्रशान्ति की स्थिति की ओर प्रवृत्त हो रहा है क्योंकि काम के मशीनीकरण और कम्प्यूटरकृत होने में बढ़ोतरी के कारण लोग बेरोज़गार हो रहे हैं या यूँ कहें कि उनके पास समय-ही-समय है। आज इतनी सारी परेशानियाँ हैं जिन्हें तुरन्त ही सुलझाया जाना चाहिए, पर इसके बावजूद प्रशान्ति का प्रचार बढ़ता ही जा रहा है। 'फुरसत' एक ऐसी वस्तु बन गयी है जिसे ख़रीदा, बेचा और उपभोग किया जा सकता है, जैसे कि यह ख़ुद में कोई वांछनीय वस्तु हो, जबकि यह तो ख़ुद की ऊर्जा का पुनः संचय करने और आगे के प्रयास की तैयारी होती है। सच है कि प्रशान्ति में व्याप्त सन्तुष्टि की भी घोर

सीमा है। इसमें स्थितियों को सन्तुलन करने के प्रयास के बिना जल्द ही जीवन निस्तेज और नारकीय हो जाता है। इसे हर बेरोज़गार व्यक्ति कभी भी जाँच-परख सकता है। यहाँ कार्य-नीति विषयक जैसा कुछ भी नहीं है, बल्कि एक पहचान है प्रशान्ति की स्थिति के निरपेक्ष होने की।

समानता दिखाने हेतु, हालाँकि अलग-अलग लोगों को अलग-अलग मात्रा में नींद की ज़रूरत होती है और साधारणतः जितनी नींद वह उपयुक्त मानते हैं, उतना सोना उन्हें आनन्द देता है, कोई भी सारे समय सोते नहीं रह सकता और बहुत ही कम लोग होंगे जो दिन-रात बिस्तर पर पड़े रहना पसन्द करते होंगे। सबसे सन्तुष्टि भरी नींद तब आती है, जब कड़ी मेहनत की गयी हो और कुछ मूल्यवान पा लिया गया हो। तब उस सन्तुष्टि वाली नींद के बाद व्यक्ति पुनः सक्रिय होना चाहता है। बौद्ध-धर्म सिखाता है कि यह जीवन की मूलभूत लय है और अगर हम पूरी तरह से और सृजनात्मक रूप से जी रहे हैं तो ज़्यादातर प्रशान्ति की स्थिति में रहना असम्भव है, क्योंकि ठीक से कार्य करने के लिए आवश्यक होता है ख़ुद को चंगा करना।

हर्षोल्लास

जब हमारी इच्छाएँ पूरी हो जाती है, तब हम जिस प्रकार की ख़ुशी अथवा आनन्द का अनुभव करते हैं, वही हर्षोल्लास का संसार है। यह एक प्रचण्ड और उल्लासकारी स्थिति है, जिसमें हमें अपने जीवित होने पर ख़ुशी होती है और जिसमें हर चीज़ हमारी ख़ुशी में भीगी रहती है। जब हम हर्षोल्लास में होते हैं तो ऐसा महसूस करते हैं कि हम पूरी तरह से जी रहे हैं; हममें ज़्यादा ऊर्जा होती है और सामान्य के मुकाबले ज़्यादा जोश होता है जीवन के लिए। लगता है कि हमारी इन्द्रियाँ ज़्यादा कार्यशील हो गयी हों, रोज़मर्रा की घटनाएँ ताज़गी से भरी प्रतीत होती हैं और वे प्रोत्साहित करती हैं और समय मानो लगता है कि भाग रहा हो, क्योंकि हमें लगता है कि हमारे दिन अच्छे गुज़र रहे हैं और अनुभवों से ठसा-ठस भरे हैं। निचिरेन दैशोनिन जब कहते हैं कि 'आनन्द ही हर्षोल्लास है' तो इस स्थिति का सार बताते हैं।

हालाँकि, बौद्ध-धर्म में हर्षोल्लास सापेक्षता की स्थिति का होना है, न कि वास्तविक ख़ुशी का, क्योंकि हर्षोल्लास का ज़्यादा देर तक नहीं टिकना आश्चर्य चकित कर देता है। सिर्फ़ कुछ समय बीतने की ज़रूरत होती है या फिर वातावरण में ज़रा-से परिवर्तन की, हर्षोल्लास गायब हो जाता है और एक दूसरी स्थिति स्वतः शुरू हो जाती है। उदाहरण के लिए, काफ़ी भूखे होने पर स्वादिष्ट भोजन का पहला

निवाला खाते ही आप तीव्र हर्षोल्लास की स्थिति में चले जाते हैं। हालाँकि यह ज़रूरी नहीं कि दूसरा निवाला भी आपको वैसी ही तीव्र अनुभूति देगा और तीसरा और उसके बाद के निवाले उससे भी कम आनन्द देंगे और जब आप खा चुकेंगे तो पूरी तरह से प्रशान्ति की उदासीनता में चले जायेंगे; बिना सन्देह के, जैसे-जैसे समय बीतेगा आपका हर्षोल्लास का अनुभव आपकी मिटती भूख के साथ पूरी तरह से गायब हो जायेगा। इसके विपरीत अगर पहले निवाले का आनन्द लेते समय आप देखते हैं कि आपके सूप में कोई मक्खी गिर गयी है तो आपका हर्षोल्लास तुरन्त गायब हो जायेगा और उसके स्थान पर नरक या क्रोध की स्थिति आ जाती है।

बहुत हद तक यह सत्य है कि ख़ुशी हमारी इच्छाओं की पूर्ति का परिणाम होती है। दरअसल यह उन इच्छाओं पर निर्भर करती है कि हमारी ख़ुशी की मात्रा कितनी होगी। उदाहरण के लिए, एक शराबी की एक पैग शराब पीने की इच्छा होती है और उसे पैग मिल जाने पर हो सकता है कि काफ़ी प्रसन्नता हो, लेकिन ऐसा कुछ नहीं है कि उसकी स्थिति को ख़ुशी वाली स्थिति बताया जाये। इसके विपरीत अगर एक वैज्ञानिक कैंसर की दवा खोजना चाहता है तो भले ही उसने अभी अपनी मंज़िल न पाई हो, उसे अपने कार्य की चुनौती में ही बहुत ख़ुशी का अनुभव होता है।

बौद्ध-धर्म हर्षोल्लास या ख़ुशी के तीन विभिन्न स्तरों की व्याख्या करता है। प्रथम स्तर इच्छाओं की दुनिया—उन इच्छाओं को केन्द्रित करता है, जो छह निम्न स्थिति में हैं, जैसे कि जो ख़ुशी हमें मिलती है हमारी हार्दिक इच्छा पूरी होने पर, समाज में पहचान होने पर, परेशानियों से उबरने पर और इसी तरह की खुशियाँ। दूसरा स्तर—स्वास्थ्य की दशा जिसे हम शारीरिक हर्षोल्लास भी कह सकते हैं, अच्छा होने की उमंग है, जब हम ख़ुद को तन्दुरुस्त, स्वस्थ और जीवन से भरा महसूस करते हैं। यह उसी प्रकार का हर्षोल्लास है, जो आप महसूस करते हैं। एक सुबह की तैराकी के बाद या कहें जब आप तरो-ताज़ा महसूस करते हैं पूरी तरह से जागृत और तैयार अथवा अपनी स्वाभाविक योग्यता का अभ्यास करते हुए। तीसरे स्तर की ख़ुशियाँ, आकारहीनता को 'आत्मा का हर्षोल्लास' भी कहा जा सकता है। वह ख़ुशी जो आप जीवन को पूरी तरह से और सृजनात्मक रूप से जीते हुए महसूस करते हैं, और जब आप अनुभव करते हैं कि आपके जीवन में विस्तार हो रहा है और समृद्ध हो रहा है। बौद्ध-धर्म सिखाता है कि सम्भवतः यह परम सन्तुष्ट करने वाला और हर्षोल्लास की टिकाऊ स्थिति है। यह उस प्रकार का हर्षोल्लास है जो कि कैंसर पर शोध करने वाला वैज्ञानिक तो महसूस कर सकता है पर शराबी...कदापि नहीं।

बिल्कुल आदर्श रूप से, व्यक्ति का तीनों स्तर की ख़ुशियों को प्राप्त करने का लक्ष्य रहना चाहिए, हालाँकि इसे प्राप्त करना काफ़ी कठिन है। पर निचिरेन दैशोनिन का बौद्ध-मत सिखाता है कि तीसरे स्तर की अविनाशी ख़ुशियों को प्राप्त करना मुमकिन है, आकारहीनता की दुनिया में, जीवन के उच्चतम स्तर के विकास से, हमारे बुद्धत्व से। बुद्धत्व पर थोड़ी देर बाद विस्तार से चर्चा होगी। फिलहाल के लिए इतना कहना काफ़ी है कि हमारे बुद्धत्व के बाहर आने से आकारहीनता की दुनिया में जो जीवन-शक्ति और ज्ञान विकसित होता है वह आकार की दुनिया में चला जाता है हमें और स्वस्थ बनाकर। जबकि प्रथम स्तर पर, इच्छाओं की दुनिया में, हमारे अन्दर जो ख़ुशियाँ हम महसूस करते हैं, हमारी मदद करता है। हमारे उस आचरण को रोकने में, जिससे हम ख़ुद को और दूसरों को दुखी कर सकते हैं। कहने का आशय यह नहीं है कि बौद्ध-धर्म कष्टों को जीवन से मिटाया जा सकता है—ऐसा विश्वास रखता है। यह ऐसा नहीं है, बल्कि आकारहीनता की दुनिया की इतनी सुरक्षित नींव के साथ सारे कष्टों को बड़ी ख़ुशियों में सम्मिलित और संकलित किया जा सकता है। यही कारण है कि स्टीवर्ट एण्डरसन (Stewart Anderson)* पूरी निष्ठा से कहने में समर्थ हो सका था कि बीमार होने के बावजूद उसने ख़ुशी महसूस की—बुद्धत्व का आनन्द अनुभव किया।

हालाँकि आधुनिक मशीनीकृत समाज के बहुत सारे लोग ऐसा सोचते हैं कि इच्छाओं की दुनिया का हर्षोल्लास खुशियाँ हैं और एक ऐसे अस्तित्व के लिए लालायित होते हैं जिसमें इस अस्थायी प्रकार की ख़ुशी को किसी भी प्रकार से स्थाई बनायी जा सके, जबकि उस प्रकार के समाजों के रोज़मर्रा के जीवन की सच्चाई को पहचाना जा चुका है। यह सोच है कि (दूसरे शब्दों में, हर्षोल्लास की स्थायी स्थिति) स्थायी ख़ुशी इस दुनिया के कहीं बाहर स्थित है। संक्षेप में, स्वर्ग में या आकाश में।

उदाहरण के लिए, वे जिनको अल्लाह का अनुग्रह प्राप्त है, (निम्नांकित पद्यांश में 'Those On The right') इस्लाम का स्वर्ग है। बौद्ध-धर्म की शब्दावली में इच्छाओं की दुनिया का स्थायी हो जाना है—

वे नेमत की बहिश्त में लाल व याकूत जड़े तख़्तों पर
आमने-सामने तकिया लगाये हुए होंगे। नौजवान ख़िदमतगार
जो हमेशा एक ही हालत में रहेंगे, उनके आसपास फिरेंगे।

---

* स्टीवर्ट एण्डरसन (Stewart Anderson) कैनेडियन लेखक। मृत्यु के 15 वर्षों के बाद 'The Toronto you Are Leaving' प्रकाशित हुई।)

आबखोरे और आफताबे और बढ़िया शराब के गिलास ले-लेकर। इससे न तो उनके सिर में दर्द होगा और न ही उनकी अक्लें मारी गायेंगी। और मेवे जिस तरह के उनको पसन्द हों, और परिन्दों का गोश्त, जिस किस्म का उनका जी चाहे। और बड़ी-बड़ी आँखों वाली हूरे, जैसे हिफ़ाज़त से रखे आबकारी मोती। यह उनके आमाल का बदला है, जो वे करते हैं। वहाँ न बेहूदा बात सुनेंगे और न ही गाली-गलौज। हाँ उनका कलाम सलाम-सलाम होगा। और दाहिने हाथ वाले, (ख़ुदा को मानने वाले, कुरान के अनुसार चलने वाले) सुब्हानल्लाह! दाहिने हाथ वाले क्या ऐश में हैं! बे-काँटों की बेरियों, तह-ब-तह केलों और लम्बे-लम्बे सायों और पानी के झरनों और ज़्यादा-से-ज़्यादा मेवों के बागों में, जो न कभी ख़त्म हों और न उन्हें कोई रोके। और ऊँचे-ऊँचे फर्शों में हमने इन हूरों को पैदा किया, उनको कुँवारियाँ बनाया। दाहिने हाथ वालों के लिए। और प्रतीक्षा होगी सदाबहार जवानी की, प्यालों और घड़ों के साथ और शुद्धतम शराब का प्याला (उनके सिरों में न दर्द होगा और न ही उनको दूर करने का कारण) ये अपने पसन्दीदा फल और मुर्गे के गोश्त का मज़ा लेंगे, और गहरी आँखों वाली परियाँ होंगी, छिपे मोतियों की तरह पवित्र, उनके पुण्यों का पुरस्कार होगा, वहाँ वे कोई फालतू बात, कोई पापमय भाषण नहीं सुनेंगे, सिवाय अभिवादनों के। 'शान्ति, शान्ति!' वे जो दाहिनी तरफ हैं, दाहिने होने पर ख़ुश होंगे! वे काँटों-रहित सिदारह और तल्ह (अज्ञात, शायद केला फल) के झुण्डों के बीच ऊँचे सिंहासनों पर टेक लगाये होंगे, बीच में अविरल जल और बेशुमार फल, अवर्जित कभी न ख़त्म होने वाले।

हालाँकि ईसाइयों का स्वर्ग इस प्रकार वर्णित नहीं है, फिर भी यह परम्परागत रूप से एक ऐसी जगह, है जहाँ मानव-आत्माएँ आदमी और स्त्री के अमूर्तरूप सांसारिक झँझटों से छुटकारा पाकर और दुनियावी अस्तित्व की तरंगों से छूटकर ईश्वर से एकाकार होते हैं शाश्वत-सुख में।

इसके विपरीत बौद्ध-धर्म में स्वर्ग और कहीं नहीं है, बल्कि इसी धरती पर है और हर्षोल्लास की स्थिति का ही दूसरा नाम है। तब, इसके मुताबिक कोई कह

सकता है कि सैकड़ो वर्षों से, एक या दूसरे रूप में, पश्चिमी समाज प्रेरित हुआ है परमानन्द की स्थिति से, मानव अस्तित्व की सम्भावित उच्चतम स्थिति के रूप में। आजकल ईसाई धर्म उतना प्रभाव नहीं छोड़ पा रहा है, जितना पहले छोड़ा करता था। धार्मिक मुक्ति की प्रेरणा की यह इच्छा सीधे-सीधे प्रकट नहीं होती, यह प्रकट होती है अप्रत्यक्ष रूप से, समकालीन समाज की दो मुख्य धाराओं के रूप में।

इनमें से प्रथम रोमानी प्यार है (रोमांटिक लव, स्वच्छन्दतावादी)। प्यार, हर्षोल्लास और स्वर्ग का लम्बे समय तक पश्चिम में सम्मिश्रण किया जाता रहा है। निश्चित रूप से, पुनर्जागरण के उपरान्त, कविता और उस समय का लोकप्रिय संगीत हमारी सांस्कृतिक चेतना में कहीं गहरे धँस गया है कि किसी दूसरे का उल्लेख किये बग़ैर किसी को भी व्यक्त करना लगभग असम्भव-सा हो गया है। बहुत सारे उदाहरणों में से एक, विचार कीजिए इरविन बर्लिन के 'डाँसिंग चीक टू चीक (Irving Berlin's Dancing cheek to cheek)।'*

पहली पंक्ति में बर्लिन गाता है कि वह 'स्वर्ग' में है और अपने साथी के साथ 'चीक टू चीक' गाते हुए ख़ुशियाँ खोज रहा है। पर पहली पंक्ति के 'प्रेम' या 'हर्षोल्लास' को स्वर्ग से बदल दीजिए और तीसरी पंक्ति में तीनों में से किसी को भी 'ख़ुशियों' से बदल दीजिए, और फिर भी गीत सुगम होगा। (अगर विख्यात न हो तो भी)। हमारे समाज में रोमानी प्रेम की कामना इतनी बलवती है कि इसने धर्म को 'आध्यात्मिक परितोष' के मुख्य जरिए के स्थान से पदच्युत कर दिया है और वास्तव में, व्यक्तिगत मुक्ति के सन्दर्भ में पूरी तरह से हटा दिया है। 'एक अच्छी स्त्री के प्रेम से बच गया' भले ही पिष्ठोक्ति हो, लेकिन कई उदाहरणों में यह सिर्फ़ प्रेम ही होता है किसी व्यक्ति का, चाहे स्त्री हो या पुरुष, जो कुछ लोगों को महत्त्वपूर्ण होने की भावना या उनके जीवन को अर्थ प्रदान करता है। हालाँकि इस तरह से सोचना इस बात की उम्मीद जगाता है कि उसका साथी उसे ख़ुश रखेगा, नहीं, उसे वास्तव में ख़ुश रखना चाहिए, यह बहुत-सारे रिश्तों में एक असहनीय खींच-तान ला देता है।

बिल्कुल तर्कातीत है कि किसी का साथी उसे लगातार हर्षोल्लास प्रदान करे क्योंकि स्थायित्व और स्थिरता जैसे गुणों का हर्षोल्लास में नितान्त अभाव होता है। शायद यह एक कारण है कि आजकल शादियाँ इतनी टूटती हैं।

समकालीन समाज में हर्षोल्लास को व्यक्त करने का दूसरा तरीका है

---

* इरविन बर्लिन (Irvin Berlin) को अमेरिका का महानतम गीत लिखने वाला माना जाता है। यह गीत पहली बार 1935 में टॉप हैट (Top Hat) फ़िल्म में गाया गया। इसकी शुरुआती पंक्तियाँ थीं—"Heaven, I 'm in heaven, and my heart beats so that I can hardly speak..."

उपभोक्तावाद, जो इस समझ पर आधारित है कि ख़ुशियाँ किसी वस्तु या भाव के स्वामित्व अथवा उपभोग में होती हैं। उपरोक्त के सन्दर्भ में दैसाकू इकेदा कहते हैं–उपभोक्तावाद, जो कि इच्छाओं को बहुत बढ़ाता है, का उद्देश्य हर्षोल्लास की स्थिति का निर्माण होता है। निश्चित रूप से, हालाँकि अवचेतन स्तर पर बहुत सारे लोगों का विश्वास होता है कि वस्तुओं की बहुतायतता ही हर्षोल्लास की स्थिति व आदर्श स्थिति होती है। पश्चिमी उपभोक्तावादी संस्कृति का उद्देश्य विज्ञान के सारे संसाधनों का उपयोग कर और पृथ्वी की सारी सम्पदा का उपयोग कर महलों का निर्माण कर हर्षोल्लास की स्थिति को पाना है। शायद इस प्रेरणा की आधारभूत अभिव्यक्ति "हर्षोल्लास के महलों के रूप में थीम पार्क (theme Park)" है, औद्योगिक दुनिया पर पूरी तरह से फैलते हुए, भले ही इसकी वजह से प्राकृतिक वातावरण प्रदूषण और इसी तरह की ख़राबियों का शिकार होता जा रहा हो।

हालाँकि 'उपभोक्तावाद' भौतिक वस्तुओं तक सीमित नहीं होता, 'अनुभव' भी अब ऐसी चीज़ है जिसका उपभोग करना है। उदाहरण के लिए, अब ज़्यादा लोग यात्राएँ करते हैं और ज़्यादा जगहों पर, जबकि पहले वे ऐसा नहीं करते थे। हालाँकि यह गति को प्रदर्शित करता है, जिससे हम 'विदेशी जगहों' पर भेजे जा सकते हैं। और दुनिया की धनाढ्यता में बढ़ोतरी कर सकते हैं। और चूँकि यात्रा ख़ुद में अच्छी या बुरी नहीं होती, ज़्यादातर यात्राएँ अवचेतन के इस विश्वास के कारण होती हैं कि मूलतः ख़ुशियाँ कहीं पृथक हैं उस स्थान से, जहाँ हम रहते हैं, एक विशेष जगह, रोज़मर्रा के जीवन की वास्तविकताओं से परे, इस तरह काम पर जाने में कभी सच्ची ख़ुशी समाहित नहीं होती, पर छुट्टियों में ठण्डी जगहों पर जाने में है। वास्तव में, यह खोजना रोचक होगा कि जैसा अभी ज़्यादातर लोग स्वर्ग के बारे में सोचते हैं, बादलों के ऊपर किसी स्थान पर नहीं, बल्कि हिल स्टेशन में है।

मूल रूप में, बौद्ध-धर्म सिखाता है कि महानतम सुख सृजन में है, न कि उपभोग में। अपने किसी साथी मनुष्य के मूल्यों और ख़ुशियों का सृजन करने में, न कि थोड़े समय के आनन्द का लुत्फ उठाने में, हालाँकि जिसे प्रायः दोहराया जाता हो, जब लोग इसे सीखेंगे, वे खोज लेंगे कि ख़ुशियों का अनुभव यहाँ और अभी किया जा सकता है। इससे फ़र्क़ नहीं पड़ेगा कि आप कहाँ हैं या आपका वातावरण कैसा है। जैसा कि मिल्टन का शैतान (Milton's Satan) कह उठा था–

मन अपनी ही जगह और ख़ुद में सकता है
बना स्वर्ग को नर्क, नर्क को स्वर्ग।

नरक से हर्षोल्लास तक की छह स्थितियाँ सम्मिलित रूप से छह मार्ग के

रूप में जानी जाती है; वे लोग जो इन नीचे की मनोदशाओं के दबाव में जीते हैं लगातार एक ही जैसी एक के बाद एक घटित होने वाले घटनाओं के क्रम में (हमेशा जैसे कि एक झूले पर होते हैं), ख़ुद की इच्छाओं के चक्रव्यूह में फँसे होते हैं और अपने सन्निकट बाह्य वातावरण के प्रभाव में। छह मनोदशाएँ इस प्रकार आपस में अवगुंठित होती हैं कि व्यक्ति एक मनोदशा से दूसरी में आसानी से फिसल जाता है हर्षोल्लास से क्रोध में। उदाहरण के लिए, अगर पहले बहुत ज़्यादा तारीफ़ करके बहुत बड़ी निन्दा कर दी जाये या प्रशान्ति से नरक में, अगर आराम से बैठे टेलीविज़न देखते समय, आपको अचानक याद पड़ता है कि सुबह बैंक से ओवर-ड्राफ्ट लेने के विषय में आपको बैंक मैनेजर का सामना करना है। यह कहना उचित होगा कि इस तरह से छह मनोदशाओं में विचरण करना ज़्यादातर लोगों के जीवन की सच्चाई को चित्रित करता है। हालाँकि बौद्ध-धर्म सिखाता है कि ये छह निम्न मनोदशाएँ जीवन की सम्पूर्णता को नहीं बताती, क्योंकि जब हम रोज़मर्रा के जीवन से ऊपर उठकर देखते हैं और अपने बारे में अपनी समझ को विकसित करने का प्रयत्न करते हैं और दुनिया के बारे में, हम प्रवेश कर जाते हैं सीखने, बोध, बोधिसत्व और बुद्धत्व की चार महान मनोदशाओं में। ऐसा करने से हम शुरुआत करते हैं मनुष्य के रूप में अपने सच्चे सामर्थ्य के विकास करने की।

सीख या विद्या और बोध

सीख या विद्या और बोध की दो मनोदशाओं में काफ़ी समानता है और ज़्यादातर समय इन पर एक साथ विचार किया जाता है। जापानी में इन्हें 'निजो (Nijo)' कहा जाता है, जिसका अर्थ होता है 'दो गाड़ियाँ', जैसा कि बुद्ध ने व्याख्या की है व्यक्ति को एक बेहतर जीवन-स्थिति में ले जाती है, इसीलिए सीख या विद्या और बोध, दोनों का उद्देश्य होता है ख़ुद को बेहतर बनाना। दोनों में इस बात का ही अन्तर होता है कि कैसे वे अपना उद्देश्य प्राप्त करते हैं।

जापानी में सीखने की मनोदशा को शोमोन (Shomon) के द्वारा बताया गया है, जिसका शाब्दिक अर्थ होता है 'वाणी सुनने वाला' (Voice Hearers) कारण कि वे शोमोन अथवा महापुरुष ही थे, जब शाक्यमुनि बुद्ध प्रवचन कर रहे थे (ज्ञान बाँट रहे थे) तो उनकी वाणी को मूलतः सुनने वाले। स्पष्ट रूप से सीखने की मनोदशा बुद्ध के अनुयायियों पर लागू होती है। वे जो बुद्ध की शिक्षा से प्रबोधन पाना चाहते हैं। हालाँकि और भी ज़्यादा विस्तृत रूप से ये हमारी चेतना का वह पहलू होता है, जो दूसरों के बोध से सीख सकता है और उस

सीखे हुए को इस प्रकार हम अपने जीवन पर लागू कर सकते हैं। इस अर्थ में सीखने की मनोदशा के बारे में कहा जा सकता है कि यह बुद्धिमत्ता के समरूप होता है और इसका सम्बन्ध पूर्व के अर्जित ज्ञान से होता है।

दूसरी तरफ बोध की मनोदशा के बारे में कहा जा सकता है कि इसका सम्बन्ध ज्ञान या अन्तर्दृष्टि से होता है, जो कि एक ऐसी स्थिति है जिससे हम सीधे अवलोकन, अनुभव और चिन्तन-मनन से एक समझ पा सकें। यह समझ ब्रह्माण्ड के क्रिया-कलापों जितनी बड़ी हो सकती है या फिर इतनी सूक्ष्म हो सकती है, जैसे प्लग में तार लगाना। बोध की मनोदशा में यह बात ज़्यादा महत्त्व रखती है कि हम ज़्यादातर हमारे ख़ुद के प्रयास से समझते हैं। इस मनोदशा के लिए जापानी शब्द इनगाकू (Engaku) उन लोगों के बारे में बताता है, जो कि बुद्ध या उनकी शिक्षा के बगैर ही प्रबोधन की मनोदशा पाना चाहते हैं और इसीलिए उनका प्रबोधन आंशिक या अधूरा होता है।

इन दोनों मनोदशाओं के बीच अन्तर प्रायः इतना तीक्ष्ण नहीं होता। उदाहरण के लिए, कोई कह सकता है कि अंकगणित पढ़ने वाला व्यक्ति सीखने की मनोदशा में होता है, जबकि वह ईमानदारी से समझने की कोशिश करता है कि दो और दो मिलकर चार क्यों होते हैं, हालाँकि उसका ज्ञान उसे शिक्षक के द्वारा दिया जाता है। उसी प्रकार बोध की स्थिति को प्रायः समावेशन (आत्मसात्करण) भी कहा जाता है। हालाँकि यही शब्द सीखने की मनोदशा के लिए प्रयुक्त हो सकता है। स्पष्टतः आप चाहे कैसी भी लकीर खींचें, सीखने और बोध की मनोदशा मिली होती है, जैसे कि हम उसी प्रयास का फल पाते हैं, जैसा कि बोध में, सीखने की मनोदशा के जतन भरे प्रयत्न हमें नये बोध की ओर ले जाते हैं, जैसे कि बर्ट्रेंड रसेल (Bertrand Russel) सजीव चित्रण करते हैं।

“हर आदमी, जिसने किसी प्रकार का रचनात्मक कार्य किया है, ने अनुभव किया है, ज़्यादा या कम मात्र में मन की मनोदशा में कड़ी मेहनत के बाद, सच या सौन्दर्य प्रकट होता है अथवा प्रतीत होता है कि प्रकट होने वाला है, आकस्मिक प्रताप में—यह केवल एक छोटी-सी वस्तु के बारे में हो सकता है और यह ब्रह्माण्ड के बारे में हो सकता है, उस समय यह अनुभव बहुत कायल करता है, सन्देह बाद में आ सकता है, पर उस समय इसमें परम निश्चिन्तता का भाव होता है। मैं सोचता हूँ कि ज़्यादातर श्रेष्ठतम सृजनात्मक कार्य कला में, विज्ञान में, साहित्य में और दर्शन में—ऐसे ही पलों के परिणाम होते हैं। क्या जाने जैसा मुझे लगता है वैसा दूसरों को लगता है या नहीं, मैं कह नहीं सकता। अपने मुताबिक मैंने पाया है कि जब मैं किसी विषय पर कोई पुस्तक लिखना चाहता हूँ, मैं ख़ुद

को छोटे-छोटे ब्योरों से तर-ब-तर कर लेता हूँ, तब तक कि उस विषय के सभी अलग-अलग हिस्सों से पूरी तरह अवगत न हो जाऊँ, फिर किसी दिन, अगर मैं सौभाग्यशाली होता हूँ तो मैं पूरे को अनुभव करता हूँ, इसके सभी हिस्सों को एक-दूसरे से पूरी तरह जुड़ा हुआ। उसके बाद मुझे सिर्फ़ लिखना होता है, जो भी मैंने देखा था। निकटतम सादृश्यता के लिए, सर्वप्रथम कुहासे में एक पहाड़ पर भ्रमण करना। तब तक, जब तक कि हर रास्ता और पर्वत-श्रेणी और घाटी अलग-अलग पूरी तरह से अवगत न हो जाये और तब एक दूरी से सम्पूर्ण पर्वत को देखना और वह भी खिली हुई धूप में।"

रसेल के सादृश्यता का उपयोग करते हुए, 'पूरे पहाड़ पर भ्रमण' की 'कड़ी मेहनत' को एक निश्चित विषय के विद्यमान ज्ञान को कारण कहा जा सकता है, सीखना, जबकि 'सम्पूर्ण पर्वत को खिली हुई धूप में देखना' प्रभाव है बोध का। फिर से इस पर भी ध्यान दिया जा सकता है कि सभी भागों को अलग-अलग देखना और फिर उनमें तारतम्यता, एक दूसरी विशेषता है सीख या विद्या और बोध के अन्तर की। बोध की मनोदशा या आंशिक प्रबोधन की दशा में और बोधिसत्व की स्थिति में एक मूल अन्तर है कि बोधिसत्व में सभी तत्त्वों की तारतम्यता की पूरी जानकारी होती है, न कि आंशिक।

रसेल का सृजनात्मक कार्यों का उल्लेख—कला, विज्ञान, साहित्य और दर्शन के क्षेत्रों में महत्त्वपूर्ण भी है। हालाँकि इन्हीं क्षेत्रों तक सीमित नहीं रहता, सीखने और बोध की मनोदशा का यहाँ वर्चस्व होता है और विशेष रूप से विज्ञान की परिधि (Realm) में, पूरी तरह से एक-दूसरे पर निर्भर।

उदाहरण के लिए, एक नौजवान पुरुष के रूप में कोपरनिकस (Copernicus 1473-1543) ने उस समय के ब्रह्माण्ड के बारे में प्रचलित पोलेमेक (Ptolemaic) के नजरिए को सीखा, जो बताता था कि सूर्य, तारे और दूसरे ग्रह पृथ्वी के चारों ओर संकेन्द्रीय चक्र में परिक्रमा करते हैं। कोपरनिकस ने अपने निरीक्षण में पाया, साफ़ कहें तो 'इसका उलटा सत्य है'। बाद में केप्लर (Kepler 1571-1630) ने कोपरनिकस के मत का अध्ययन और विकास किया। केप्लर का निष्कर्ष था कि ग्रहीय गति अण्डाकार होती है, न कि वृत्ताकार। गेलीलियो (Gelileo 1564-1642) ने केप्लर के सिद्धान्त को स्वीकार किया और मान्यता दी तथा दूरबीन की मदद से उसका विस्तार किया, अपने ख़ुद के कुछ महत्त्वपूर्ण निष्कर्षों पर पहुँचा। मुख्यतः गति के विज्ञान (Science of Motion), गतिकी (Dynamics) के क्षेत्रों में अपने ख़ुद के प्रयोग से। इन तीनों के निष्कर्ष को न्यूटन (Newton 1664-1727) ने आत्मसात् किया और अपने प्रसिद्ध गति के

तीन सिद्धान्त में समाविष्ट किया, वास्तव में सभी भौतिक विज्ञान में जब तक कि आइन्स्टीन (Einstein 1879-1955) ने 1905 में अपना सापेक्षता का सिद्धान्त (Theory of relativity) प्रस्तुत नहीं किया और पूरी तरह से न्यूटन के नजरिए को काट नहीं दिया, जैसा कि लगभग चार सौ वर्षों पूर्व कोपरनिकस ने पोलेमेक के नजरिए के साथ किया था।

विज्ञान के क्षेत्र में कोई यह देख सकता है कि कैसे सिखाने के दुहराए गये तरीकों से बोध और उससे ऊपर की ओर मुड़ती तकनीकी उपलब्धि और भौतिक विकास में परिणत हुआ। हालाँकि विज्ञान से परे की दुनिया में यह पूरा विकासगामी है। उदाहरण के लिए, शेक्सपीयर के मरने के इतनी शताब्दियों के बीत जाने के बाद भी अंग्रेज़ी भाषा में कोई ऐसा नाटककार नहीं हुआ, जिसकी तुलना उससे की जा सके, न तो कविता के क्षेत्र में और न ही मनुष्य की प्रवृत्ति को समझने में ही। संगीत में मोजार्ट (Mozart) और बीथोवन (Beethovan) को आज तक कोई लाँघ नहीं सका और न ही तुलना कर सका। और धर्म की दुनिया में असाधारण गुणों से सम्पन्न सभी लोग हज़ारों नहीं तो सैकड़ों वर्ष पहले हुए थे। आधुनिक दर्शन हमारी मानवीय समझ में हो भी सकता है और नहीं भी हो सकता है कि कोई महत्त्वपूर्ण योगदान दिया हो, परन्तु सामान्य बातचीत में, अवैज्ञानिक दुनिया में, हम पहचान सकते हैं कि सिखाने और बोध का पूरी तरह से सटीक चित्रण नहीं होता पर जो जीवन की समझ को लगातार विकसित करती है। कोई पूछ सकता है कि ऐसा क्यों है। जो जवाब बौद्ध-धर्म में मिलता है, वह इशारा करता है कि सीखने और बोध में अन्तर्निहित सीमितता की ओर, जिसके ज्ञान ने शाक्यमुनि को प्रेरित किया लोटस-सूत्र (Lotus Sutra) को पढ़ाने के पहले, 'दो गाड़ियों' पर सवार व्यक्ति प्रबोधन की स्थिति को पा सकते हैं, से इनकार करने के लिए।

पहली सीमितता यह है कि ये दोनों ही संसार स्वःकेन्द्रित होते हैं। हालाँकि उनका लक्ष्य ख़ुद की बेहतरी होता है और अन्ततः शायद, प्रबोधन भी, यह आत्म-सुधार ज़्यादातर ख़ुद के द्वारा ख़ुद के लिए होता है। इसी प्रकार सीखना और बोध में एक प्रबल प्रवृत्ति होती है क्रोध की स्थिति में चले जाने की। ख़ुद को दूसरों से अलग कर उन्हें नीची निगाहों से देखने की। उदाहरण के लिए, यह प्रवृत्ति शिक्षा के उच्च संस्थानों के विधार्थियों और निजी शिक्षकों (Tutors) में देखी जा सकती है, साथ ही ऐसे पेशों में जिनमें उच्चस्तर की बुद्धिमत्ता लाज़िमी होती है यहाँ तक कि चिकित्सा के क्षेत्र में भी, जो कि दूसरों की देखभाल करने की इच्छा पर केन्द्रित होता है। चिकित्सक अपने मरीजों का तिरस्कार प्रदर्शित कर सकते हैं। (और एक-दूसरे का भी)। यह टिका होता है उनकी कल्पित श्रेष्ठता पर।

इस आत्म-केन्द्रित की तुलना ऐसी स्थिति से की जा सकती है, जब हाथ में जो विषय है उसमें हम इतना डूब जाते हैं कि बाकी सब कुछ हमारी नज़रों से ओझल हो जाता है। कुछ हद तक यह नज़रअन्दाज करना मुश्किल है कि किसी भी कार्य के सफलतापूर्वक निष्पादन हेतु एकाग्रता ज़रूरी होती है, और इसका नतीजा हानिकारक नहीं होता सिवा एक भुलक्कड़ प्रोफेसर के, जो अपने कार्य में इतना उलझा होता है कि अपने जूते के फीते बाँधना भूल जाता है या सुबह दो रंग के मोजे पहन लेता है। इस प्रकार की आत्म-केन्द्रित तल्लीनता तब ज़्यादा हानिकारक हो सकती है, जब पति अपनी पत्नी को नाश्ते की टेबुल पर बराबर अखबार पढ़ते हुए नज़रअन्दाज़ कर देता है या जो अपने शौक और आदतों में इस कदर लिपटा है कि अपने परिवार की अवहेलना कर देता है और यह अगर व्यापक तौर पर देखा जाये—तब विनाशक भी हो सकता है, जब बात विशेषज्ञों के समूह की आती है। वे पूरी तरह से अपने शोध के द्वारा उपस्थित तकनीकी समस्याओं से वास्ता रखते हैं और उनका ध्यान इस बात पर जाता ही नहीं कि जो वे कर रहे हैं। उसके कितने बुरे और घातक परिणाम हो सकते हैं। जिन लोगों ने पहला परमाणु हथियार तैयार किया था। वे इसी श्रेणी में आते हैं।

दूसरी सीमा, जो कि पहले के काफ़ी नज़दीक है कि जिन लोगों ने अपने कार्य-क्षेत्रों में एक ऊँचा मुकाम हासिल कर लिया है, वे हमेशा इस बात को लेकर असमंजस में रहते हैं कि हो सकता है कि उनका निकाला गया निष्कर्ष पूरी तरह से सही नहीं हो। विज्ञान में यह रुकावट विकास में अलंघ्य नहीं है। कारण कि किसी भी अनुमान को या तो परीक्षण के द्वारा या फिर सिद्धान्त के द्वारा प्रमाणित करना पड़ता है। इसका मतलब हुआ कि अन्ततः विचारों के अन्तर को स्वीकृत एवं सहमत मानकों के उद्धरण से उलटा जा सकता है (चाहे परिकल्पना उन मानकों के उलट ही क्यों न हो, जैसा कि आइन्स्टीन का सापेक्षवादिता का सिद्धान्त)। हालाँकि अवैज्ञानिक दुनिया में, विषय की रूप-रेखा के सम्बन्ध में ही रज़ामन्दी नहीं होती। एक कम्युनिस्ट और पूँजीपति या फिर एक नास्तिक और एक मुसलमान (वैष्णव, श्रद्धालु, धार्मिक) के एक-दूसरे की दुनिया देखने के नज़रिए को मानने में बहुत कठिनाइयाँ होती हैं, चाहे वे कितने ही ज्ञानी और विद्वान् क्यों न हों। सच में बुद्धिमान व्यक्ति की मुख्य विशेषता यह होती है कि वह दूसरों के ज्ञान को समझ सकता है और किसी भी स्थिति में सच को उजागर करने का प्रयास करता है, बजाय अपने मत का बचाव करने के। इसके विपरीत जैसे-जैसे समय बीतता जाता है, जो लोग सीखने और बोध की स्थिति में होते हैं, वे सिर्फ़ और सिर्फ़ अपने ही निर्णय पर भरोसा करते हैं। इस सन्दर्भ में, जर्मन गणितज्ञ

गोट्लोब फ्रेगे (Gotlob Frege) की प्रतिक्रिया बहुत असाधारण प्रतीत होती है, जो कि उन्होंने 1902 में रसेल के उस पत्र पर दी थी जिसमें उनके सिद्धान्त में एक ग़लती निकाली गयी थी। रसेल ने बाद में वर्णन किया–

> *ईमानदारी और दया के कार्यों के बारे में जैसा मैं सोचता हूँ, मुझे स्वीकारना पड़ता है कि मेरी जानकारी में ऐसा कुछ नहीं है, जिसकी तुलना फ्रेगे की सत्य के प्रति निष्ठा से की जा सके। उनके सम्पूर्ण जीवन का कार्य समाप्ति पर था, उनका बहुत-सा कार्य उन लोगों के लिए अनदेखा कर दिया गया जो उनसे काफ़ी कम योग्य थे, उनकी दूसरी किताब बस प्रकाशित होने ही वाली थी कि उनकी सैद्धान्तिक अवधारणा में कुछ ग़लती है, पर उन्होंने बौद्धिक आनन्द से प्रतिक्रिया दी, बिना किसी व्यक्तिगत निराशा के अनुभव में डूबते हुए। यह लगभग महा-मानवीय गुण था, उसका साफ़ द्योतक कि जो मनुष्य समर्थ होते हैं तो उनका समर्पण रचनात्मक कार्य और ज्ञान में होता है, न कि असभ्य तरीकों से लोगों को दबाने और प्रसिद्धि हासिल करने में।*

जैसा कि रसेल का तात्पर्य था, फ्रेगे की विशाल-हृदयता बिल्कुल अविश्वसनीय थी। कारण कि वे दोनों अकादमिक दुनिया में रहते थे, यह उसकी फसलों के बिल्कुल विपरीत था।

जो लोग ज्ञान और बोध के संसार में होते हैं, उनकी प्रवृत्ति ख़ुद के अक्खड़ आत्म-विश्वास व निर्णय शेखी बघारने की उतनी महत्त्वपूर्ण नहीं होती, जितनी कि ये संसार प्रबल होते हैं; की प्रवृत्ति होती है। लोगों को प्रभावित करने की अगर वास्तविक सत्ता न हो। उनकी बहस करने में निपुणता एवं सन्देह रहित विशिष्ट तथ्यपरक ज्ञान उनको आकर्षकता के दर्जे में ले जाता है, जहाँ विरोध मुश्किल होता है। राजनीतिज्ञ और अफ़सर इसके यहाँ सर्वोत्तम उदाहरण हैं, लेकिन कभी-कभार वे भी निर्भर रहते हैं निर्णय लेने में मदद के लिए विशेषज्ञों की विशेष सलाह पर। हालाँकि यह बहुत खतरनाक होता है कि दूसरों की संकीर्ण विशेषता पर अत्यधिक विश्वास करना।

ऑरेलियो पेसई (Aurelio Peccei) इन बातों को इस प्रकार स्पष्ट करते हैं–

> *अनुभव ने स्पष्ट रूप से बताया है कि हम दुनिया को उन लोगों पर छोड़ दें जो वास्तव में सत्ता नियन्त्रित करते हैं राजनीतिज्ञ, निर्माणकर्ता (Developers), तकनीकी विशेषज्ञ*

(Technocrats), अफ़सरशाह और व्यापारी—हम सीधे परेशानी में चले जायेंगे, ख़ुद को मुसीबतों में फँसा लेंगे, कारण कि ये ही वे लोग हैं जो इस बात पर पर्याप्त ध्यान नहीं देते कि उनके द्वारा किये जा रहे कार्यों का हमारी पारिस्थितिकी (Ecological) और सामाजिक वातावरण पर अप्रत्यक्ष या आगे जाकर क्या प्रभाव पड़ने वाला है। इंजीनियर को भी, जो कि अपने क्षेत्र में बहुत अच्छी-अच्छी चीज़ें कर सकते हैं, निश्चित रूप से नियन्त्रित करना चाहिए।

बस एक समसामयिक उदाहरण देने के लिए, 'विशेषज्ञों' ने हिसाब लगाया था कि एक न्यूक्लियर रिऐक्टर के विस्फोट होने की सम्भावना बिल्कुल न के बराबर है, विशेषतः जब उन्हें विभिन्न परिष्कृत सुरक्षा यन्त्रों से मापा गया था, जो किसी दुर्घटना को रोकने में सक्षम थे; और फिर पहले थ्री मील आइसलैंड (Three Mile Island) और फिर चेरनोबिल (Cheranobil) और अभी फुकुशीमा दओची (And now japan's Fukushima Daochi) ने उन्हें ग़लत ठहरा दिया। आख़िरकार तीनों ही दुर्घटना मानवीय ग़लती का नतीजा थी; इसलिए यह निष्कर्ष निकालना पड़ता है कि जब तक वे ख़त्म नहीं की जातीं, अत्याधुनिक और शक्तिशाली खतरनाक प्रौद्योगिकी, जैसा कि नाभकीय ऊर्जा घर का प्रयोग कभी भी सच में सुरक्षित नहीं हो सकता।

आजकल हमारे समाज में विज्ञान और प्रौद्योगिकी के आधिपत्य को धन्यवाद, हमारी संकीर्णता में यह सोचने की आदत हो गयी है कि जिस प्रकार हमने शंका रहित भौतिक उपलब्धियाँ हासिल की हैं, जिससे हम चारों तरफ से घिरे हैं उसका इस्तेमाल उसी सफलतापूर्वक हमारी सभी समस्याओं पर किया जा सकता है, जिनका हम सामना करते हैं। हालाँकि 'विशेषज्ञ' जब असहमत होते हैं और पुरुष और स्त्रियाँ जो वास्तव में ऊँचे पढ़े—लिखे और तार्किक होते हैं, समृद्ध अर्थव्यवस्था बनाने के इस सुन्दरतम तरीके के बारे में बिल्कुल विपरीत राय रखते हैं, तो कहा जा सकता है कि तब इस प्रकार की बुद्धिमत्ता का क्षरण होने लगता है। सच में, इसका कारण ज्ञान और बोध का वह संसार है, जो उनके द्वारा बनाये गये उन्नत कम्प्यूटर की बराबरी करता है। दूसरे शब्दों में, आप जो लेते हैं, उसी को देते हैं। उदाहरण के लिए, जिस व्यक्ति में क्रोध अधिक होता है, वह इस संसार (क्रोध) का 'विकास' करेगा ज्ञान और बोध के द्वारा, शायद एक ऐसी स्थिति के लिए जिसमें उसकी श्रेष्ठता दूसरों पर सिद्ध हो सके। जिसमें भूख शक्तिशाली होगी, वह कड़ी मेहनत करेगा ऊँची डिग्री पाने के लिए, जो

आवश्यक होगी ऊँची तनख्वाह पाने के लिए और जिसमें पशु-वृत्ति की प्रधानता होगी, वह उच्चतम बुद्धिमत्ता का प्रयोग ज़्यादा चतुर और व्यवहार कुशल दिखने के लिए करेगा, लेकिन वास्तव में यह सिर्फ़ एक तरीका है दूसरों पर आधिपत्य दिखाने का। यह अनुमान किया गया है कि नब्बे प्रतिशत वैज्ञानिक जो कभी हुए थे या आज जीवित हैं उनमें से आधे हथियारों के शोध में लगे हैं।

यह विचार कि हम मुसीबतों के समय ख़ुद को बचाने के बारे में 'सोच' सकते हैं, हमारी व्यक्तिगत ज़िन्दगी में बहुत मज़बूत है। लेकिन यह 'सोचना' कारगर नहीं होता है अगर हम जिस तरीके से सोच रहे हैं, वह ख़ुद मुसीबत का एक बड़ा भाग है। इस प्रकार जब नज़दीकी रिश्तों में कुछ दरार आती है, ज़्यादातर लोग बैठकर उस समस्या के सभी पहलुओं पर अच्छी तरह से सोच-विचार करते हैं दोस्तों से, परिवार से पूछते हैं, यहाँ तक कि एक या दूसरे तरीके से पेशेवर सलाहकारों की भी राय लेते हैं। इस प्रकार प्रायः वे अपनी स्थिति की एक अच्छी सैद्धान्तिक समझ पा लेते हैं और उन्हें अपनी कमज़ोरी और ताकत का पता अच्छी तरह से लग जाता है और वे जान जाते हैं कि अगर उन्हें चीज़ों को बदलना है तो उन्हें क्या करना पड़ेगा। हालाँकि सिर्फ़ यह जान लेना कि क्या ग़लत है, ज़रूरी नहीं है कि आपको सही निर्णय लेने की सामर्थ्य प्रदान करे। उदाहरण के लिए, आलस्य, इसे सिर्फ़ इच्छा-शक्ति के झटके से हटाया जा सकता है लेकिन तभी, जब आप आलसी हों, पर सभी सम्भावनाओं में आपके पास उस इच्छा-शक्ति का अभाव होता है, जिसकी आपको ज़रूरत होती है ज़्यादा प्रयास के लिए। इसी प्रकार एक स्त्री जो कि बार-बार अपने पति या प्रेमी से पीटी जाती है लेकिन फिर भी उसी के पास जाती है, वह शक्तियों की मुट्ठी में होती है जो कि ज़्यादा ताकतवर होती है। उसके अपने तर्कपूर्ण निर्णय से चाहे वे आर्थिक हों या फिर भावनात्मक।

स्पष्ट रूप से वे चार नोबल मार्गों से सम्बन्धित होती हैं, ज्ञान और बोध का संसार अपनी प्रकृति में दोहरा मापदण्ड अपनाता है। श्रेष्ठ रूप में, जब मनुष्य की दशा को सुधारने की इच्छा रखती है तो वे अनगिनत फायदों वाले अविष्कार की तरफ प्रवृत्त होती हैं। अपने बुरे रूप में जब वे आधारित होती हैं ज़्यादा-से-ज़्यादा लाभ कमाने की इच्छा से, तब वे दूसरों का शोषण, प्राकृतिक वातावरण का विनाश और अन्ततः जीवन के ही विनाश की ओर बढ़ती हैं।

अन्तिम विश्लेषण में, दुनिया और उसमें ख़ुद के स्थान के विषय में कोई निष्कर्ष निकालने की पद्धति, पूर्व के सीखे ज्ञान के द्वारा और इसे अपने ख़ुद के अनुभवों में मिलाकर, सिर्फ़ विज्ञान तक सीमित नहीं रहना चाहिए, न ही वास्तव

में रचनात्मक कला या दर्शन पर ही, बल्कि इसमें मनुष्य के सभी मूल तत्त्व होने चाहिए, जैसा कि देसाकु इकेदा कहते हैं, ''सम्पूर्ण मानवीयता का उद्देश्य अतीत का रूप सँवारने में स्थित होता है।'' अगर ज़्यादा-से-ज़्यादा लोग इस या उन दोनों को समझने लगते हैं तो उनके सामने अपने अद्वितीय ज्ञान से इस समस्या के समाधान में मूल रूप में योगदान दे सकती है, जो हमें घेरे रहती है। तब ज्ञान और बोध के संसार सिर्फ़ विशेषज्ञों की धरोहर न ही रह जायेंगे और फिर सम्पूर्ण मानवता की भलाई के लिए कार्य शुरू हो जायेंगे। यह देखने के लिए कि यह कैसे हो सकता है, हमें बोधिसत्व और बुद्धत्व के उच्चतम संसारों पर भनन करना होगा।

बोधिसत्व

बोधिसत्व के संसार की विशिष्टता है जिही (Jihi) की भावना, जैसा कि हमने पहले देखा था कि एक इच्छा है दूसरों के जीवन से दुःख को हटाकर खुशियों को लाने की। सभी धर्मों की तरह बौद्ध-धर्म सिखाता है कि बोधिसत्व की प्रकृति सभी में अन्तर्निहित होती है, मनुष्य की मनुष्यों के प्रति अमानवीयता के नजरिए पर हमें विश्वास करना मुश्किल हो जाता है, लेकिन जैसा कि निचिरेन दैशोनिन कहते हैं, ''एक हृदयहीन खलनायक भी अपनी बीवी-बच्चों से प्यार करता है। उसके भीतर भी बोधिसत्व के संसार का कुछ भाग होता है। बिल्कुल सही, जैसा निचिरेन दैशोनिन अनुमान करते हैं, बोधिसत्व की अवस्था की जो प्रवृत्ति उद्घाटित और विकसित होती है एक से दूसरे व्यक्ति में उनमें काफ़ी भिन्न होती है, उस 'हृदयहीन' खलनायक के सन्दर्भ में यह सिर्फ़ परिवार (बीवी-बच्चों) तक सीमित था, जबकि कुछ लोगों के लिए यह और भी ज़्यादा आंशिक हो सकता है : उदाहरण के लिए निष्ठुर मनुष्यद्रोही, जो सम्पूर्ण मानव-जाति से नफ़रत करता है, पर अपने पसन्दीदा कुत्ते या बिल्ली को प्यार करता है और उसका ध्यान रखता है।

मनुष्यद्रोही के दूसरे छोर पर वह व्यक्ति खड़ा होता है जिसके जीवन में बोधिसत्व के संसार की प्रधानता होती है। इस स्थिति में जो लोग होते हैं, उन्हें ख़ुशी और सन्तुष्टि मिलती है दूसरों को ख़ुशी पहुँचाने में, ज़्यादातर ख़ुद की खुशियों को दाँव पर लगाकर या यहाँ तक कि कभी-कभी अपनी ज़िन्दगी को भी दाँव पर लगाकर। नर्स इस दुनिया का एक बहुत ही अच्छा उदाहरण है जिसने प्रोत्साहित किया एक पत्रकार, स्वर्गीय जेम्स कैमरोन (James Cameron) को, जब वे अपनी जानलेवा बीमारी से लड़ रहे थे, यह कहने के लिए कि उनका पेशा एक वकील के पेशे से शायद ज़रा ऊपर है, लेकिन नर्स के बहुत नीचे है।

जिन लोगों में बोधिसत्व की प्रधानता होती है, उनके लिए प्रसिद्धि या भाग्य जैसी बातें मतलब नहीं रखतीं और प्रायः नहीं, अपने सम्पूर्ण जीवन को बिना किसी बड़ी समृद्धि के और गुमनामी में बिता देते हैं। लोगों के बीच रहते हुए और काम करते हुए वे रोज़मर्रा की परेशानियों की वास्तविकताओं को चुनौती देते हैं, दूसरों की फ़िक्र से प्रेरित होकर जो कि बहुत हद तक उनकी ख़ुद की व्यक्तिगत इच्छाओं को समाप्त कर देती है।

एक माँ का अपने बच्चे के लिए विशुद्ध प्यार शायद सबसे अच्छी सादृश्यता है बोधिसत्व के संसार में छिपी हुई करुणा का, वह करुणा जो सम्पूर्ण और निःस्वार्थ है दूसरों की ख़ुशी, अच्छाई और सन्तुष्टि के लिए, ख़ुद की अपेक्षा विरोधाभास के रूप में, हालाँकि बौद्ध-धर्म सिखाता है कि यह खुशियाँ और दूसरों के विकास के सम्बन्ध में परोपकारिता बोधिसत्व का मार्ग भी ख़ुश और तृप्त हो जाता है। मुश्किल यह है, जैसा कि हम देखते हैं कि यह उतना ही स्वाभाविक होता है, जितनी माता-पिता में अपने बच्चों के लिए करुणा होती है (हालाँकि हम जानते हैं कि हमेशा ऐसा नहीं होता)। हमें यही अनुकम्पा अजनबियों को प्रदान करना अस्वाभाविक लगता है। इसका कारण होता है कि माता-पिता अपने बच्चों में प्रत्यक्षतः ख़ुद का विस्तार देखते हैं। जैवकीय डोर इतनी नज़दीक और मज़बूत होती है, विशेष रूप से माँ के लिए कि यह सम्भव है ख़ुद के बच्चों के लिए हमदर्दी होना, कम-से-कम जब वे छोटे होते हैं। हालाँकि यह सम्बन्ध जितना दूर होता है, उतना ही मुश्किल इस प्रकार के अहसास को पाना होता है दूसरे लोगों के लिए। यहाँ तक कि पति-पत्नी के बीच की हमदर्दी ज़्यादातर कम होती है, माता-पिता की अपने बच्चों के प्रति हमदर्दी के मुकाबले। यह ख़ुद की स्वार्थी इच्छाओं और विभिन्न प्रकार के अहम में ज़्यादा होती है। जैसे-जैसे हमारे रिश्ते सारहीन और अर्थहीन (Impersonal) होते हैं, उसके साथ ही दूसरों के लिए हमारी करुणा समाप्त हो जाती है। यहाँ निश्चित रूप से ख़ुद की सुरक्षा की भावना भी होती है दूसरों की पीड़ा के जुड़ाव के रूप में। हालाँकि तुच्छ ही, इन दोनों को स्वीकारना होगा कि इसे दूर करने की ख़ुद की नैसर्गिक इच्छा को और ऐसा कर पाने की अपनी सीमा को।

इस प्रकार हम प्रायः अवचेतन में करुणा को अनुक्रम में विभक्त कर देते हैं, अगर इसे पिरामिड की तरह देखें तो उदाहरण के लिए हमारे माता-पिता, हमारे दूसरे सगे-सम्बन्धी, फिर शायद हमारा देश और अन्ततः अपरिचित, अनाम शेष मानव। पिरामिड के किसी स्थान पर हम ख़ुद को भी रखते हैं। समय-समय पर हमारी बोधिसत्व की प्रकृति हमें झकझोर सकती है। टेलीविज़न पर विनाश के

दृश्यों और दुनिया की सुदूरतम जगहों की यातना को देखकर हम विभिन्न प्रकार का चन्दा दे सकते हैं, लेकिन दूसरों की मदद की फ़िक्र को हमेशा बनाये रखने के लिए बहुत ज़्यादा जीवन-शक्ति की ज़रूरत होती है, तात्कालिकता के बजाय।

और जैसे-जैसे हमारी परेशानियाँ बड़ी और आपस में मिलने लगती हैं, वैसे ही अविकसित देश के विकास से पश्चिमी अर्थव्यवस्था के कर्ज़ की जड़ें ख़ुदने लगती हैं। उदाहरण के लिए, एक क्षेत्र के युद्ध से विश्व के दूसरे हिस्सों में अस्थिरता, अजनबियों के कल्याण की फ़िक्र न सिर्फ़ आदर्श रह गयी है बल्कि पूर्णतः ज़रूरत बन गयी है। जैसा कि निचिरेन दैशोनिन अपनी एक महत्त्वपूर्ण रचना में कहते हैं,

"रिसो अनाकोकू रोन (On securing the peace of the land through the propagation of the Buddhism—सच्चे बौद्ध-धर्म के प्रचार से पृथ्वी पर शान्ति), अगर आप अपनी सुरक्षा पर तनिक भी ध्यान देंगे तो सबसे पहले धरती के चारों हिस्सों पर कानून-व्यवस्था और प्रशान्ति के लिए प्रार्थना करनी होगी, क्या आप नहीं करेंगे?" 'धरती' से यहाँ तात्पर्य तेरहवीं शताब्दी का जापान है, जो कि उस समय कभी न ख़त्म होने वाली विपदा और विनाश को झेल रहा था। लेकिन इस काल में जो सिद्धान्त प्रतिपादित किये गये, उनकी आज के विश्व में अत्यधिक प्रासंगिकता है, बच्चों को पालने का अर्थ है, जिनके लिए हम इतनी कोमलता और बहुत आशा रखते हैं। अगर जब वे समय आने पर बड़े होते हैं, तब दुनिया की स्थिति इतनी भ्रष्ट हो जाये कि उन्हें नौकरी भी नहीं मिले, सुकून नहीं मिले या फिर ताज़ी हवा भी न मिल सके? तब हम कह सकते हैं कि हमारे सामने सबसे बड़ी चुनौती होती है कि हम अपने व्यक्तिगत बोधिसत्व की प्रकृति का कैसे विस्तार करें, अपने बच्चे के लिए माँ की प्यारी करुणा जो कि हम सबमें होती है, ताकि यह सम्पूर्ण मानवता को समेट सके।

पश्चिम में कई शताब्दियों तक इस चुनौती का समावेश किया गया, महान ईसाई सिद्धान्त में कि अपने शत्रु और अपने पड़ौसी को ख़ुद के समान प्यार करो। दुर्भाग्य से जीसस ने केवल एक आदर्श के रूप में इसकी शिक्षा दी और कोई व्यावहारिक तरीका नहीं बताया, जिससे सामान्य लोग जीवन की उच्च स्थिति का विकास कर पाते, जिसमें यह सम्भव होता। हालाँकि इतिहास में अपवाद रूप से कई स्त्री और पुरुष हुए हैं जिन्होंने ईसाई सिद्धान्तों से प्रेरित होकर अपनी बोधिसत्व की प्रकृति की उच्चतम पराकाष्ठा का प्रदर्शन किया है। हालाँकि फ्लोरेंस नाइटिंगेल (Florence Nightingale) और मार्टिन लूथर किंग तो अभी हाल में ही थे; साधारण तौर पर, सिद्धान्त की उच्चता से प्रेरित होने के बावजूद, यह

बहुत ही मुश्किल होता है, अगर नामुमकिन नहीं तो उन दूसरे ईसाइयों को प्यार करना जो कि अलग उपदेश मानते हैं।

निचिरेन दैशोनिन के आने के पहले तक बौद्ध-धर्म में भी जीवन की उच्चतम स्थिति बोधिसत्व और बुद्धत्व को सामान्य जनों के स्तर से काफ़ी ऊपर बताया जाता था। कोई बुद्ध बन सकता था केवल अनन्त युगों के सत्कर्मों के बोधिसत्व से, लेकिन बोधिसत्व का विवरण और रूप ख़ुद में इतना अद्भुत था कि उसका रोज़मर्रा के जीवन से साम्य नगण्य था और यह बिल्कुल भी स्पष्ट नहीं था कि कोई कैसे एक बुद्ध बन सकता है। उदाहरण के लिए, बोधिसत्व कन्नोन (Kannon) के बारे में विश्वास था कि वह तैंतीस विभिन्न रूपों को धारण कर सकता है और लोगों को बचाने के लिए कहीं भी प्रकट हो सकता है, जबकि बोधिसत्व याकुओ (Yakuo) सभी शारीरिक बीमारियों को ठीक कर सकता है। और परम बुद्धिमान बोधिसत्व कोकुजो (Kokuzo) अन्तरिक्ष में निवास करता है। सभी उद्देश्यों और प्रयोजनों से, तब ये ईश्वर सदृश्य होते हैं, अलौकिक शक्तियों से लिप्त जिसकी बराबरी कोई साधारण मनुष्य कर ही नहीं सकता।

निचिरेन दैशोनिन ने इस बात की व्याख्या की कि सभी महान बोधिसत्वों की विशेषता वास्तव में करुणा की गहराई का प्रतीक है, जो साधारण जनों में निष्क्रिय (सुषुप्तावस्था) में रहती है और यह अन्तर्निहित करुणा विभिन्न रूप ले सकती है। इस प्रकार बोधिसत्व कन्नोन उन तरीकों को चित्रित करता है, जो दया प्रदर्शित करते हैं : याकुओ का तात्पर्य चिकित्सा से है और विभिन्न दूसरे बोधिसत्व विद्वत्ता, ज्ञान, संगीत और कला और ऐसी ही चीज़ें दर्शाते हैं। उनका एक सामान्य गुण यह है कि उनकी विभिन्न प्रतिभाएँ या विशेषताएँ दूसरों की ख़ुशियों पर केन्द्रित रहती हैं। इस अर्थ में फ्लोरेंस नाइटिंगल के बारे में कहा जा सकता है कि वह बोधिसत्व याकुओ का अवतार थी, क्योंकि वह सारी ज़िन्दगी दूसरों की बीमारी-जन्य पीड़ाओं को दूर करने का कार्य करती रही।

यह तथ्य कि सामान्य जनों के जीवन में ये महान विशेषताएँ प्रच्छन्न (अन्तर्निहित) होती हैं, इसका अर्थ ज़रूरी नहीं कि वे इसे वास्तव में प्रदर्शित भी करें। यह क्रीमियन युद्ध (Crimean War) था जिसने फ्लोरेंस नाइटिंगल के रुख में क्रान्ति ला दी, जिसकी वजह से उसने अपनी बाकी की ज़िन्दगी सेवा के उन मूल सिद्धान्तों को बनाने में लगा दी, जिन्हें हम आज जानते हैं। इसी प्रकार हमारे जीवन में भी प्रायः इस प्रकार के गम्भीर अनुभवों की ज़रूरत होती है जिससे हम दूसरों की भलाई और खुशियों के लिए कार्य करने का निर्णय ले सकें और बोधिसत्व की एक या ज़्यादा विशेषताओं का चित्रण कर सकें।

रॉक संगीतकार बोब गेल्दोफ (Bob Geldolf) इसका एक मज़ेदार उदाहरण है। दूसरे लोगों की तरह 1984 में इथोपिया (Ethopia) के अकाल को देखकर उसे गहरा सदमा पहुँचा, लेकिन औरों से अलग उसने यह महसूस किया कि वह ऐसी स्थिति में है कि वह बड़े पैमाने पर लोगों की मदद के लिए कुछ कर सकता है। उसने सर्वप्रथम तो उस साल के क्रिसमस पर बेन्ड एड रिकॉर्ड (Band aid record) के द्वारा, फिर 1985 में ट्रॉंस अटलांटिक लाइव एड कन्सर्ट के द्वारा भूखों के लिए पैसे जमा किये। उसने थोड़ी देर के लिए ही सही, बोधिसत्व मोओन (Myo'on) के रूप का अभिनय किया, जिसे यातना से मुक्ति संगीत और कलाओं से मिलती थी। हालाँकि हम उस असाधारण ढंग से कार्य नहीं कर सकते, लेकिन हम भी तब उन महान बोधिसत्वों का प्रारूप धारण कर लेते हैं, जब हम निर्णय करते हैं कि हमें अपनी अद्वितीय कुशलता और प्रतिभा का उपयोग दूसरों की मदद में करना है।

यह एक बहुत ही महत्त्वपूर्ण बिन्दु है याद रखने के लिए, कारण कि यह मदद करता है बोधिसत्वों के कुछ गूढ़ और व्याकुलता पैदा करने वाले पहलुओं का। उदाहरण के लिए, लोटस-सूत्र (The Lotus Sutra) एक समय का चित्रण करता है। जब शाक्यमुनि बुद्ध एक बहुत बड़ी सभा को शिक्षा दे चुके थे, जिसमें याकुलों और मीरोकू जैसे महान बोधिसत्व भी थे, बार-बार निवेदन करते हैं कि उनकी मृत्यु के बाद भी उन नियमों (Law) को बचायें और उनका प्रचार-प्रसार करें। स्वाभाविक था, सभी ने इस आदेश पर बोलकर अपनी स्वीकृति दी, लेकिन तभी शाक्यमुनि ने अचानक कहा, "रुको श्रद्धालुओं, तुम्हें इस सूत्र की रक्षा करने की ज़रूरत नहीं।" तभी धरती फट जाती है और वहाँ तेजस्वी बोधिसत्वों का एक समूह प्रकट होता है, जो कि संख्या में साठ हज़ार गंगा नदियों के रेत के कणों से ज़्यादा थे, जिनमें से किसी को भी सभा में उपस्थित किसी भी व्यक्ति ने पहले कभी नहीं देखा था। वहाँ धरती के बोधिसत्व थे, जिनका नेतृत्व चार तेजस्वी बोधिसत्व कर रहे थे, वे थे जोग्यो (Jogyo), मुहेंग्यो (Muhengyo), ज्योग्यो (Jyogyo) और अनर्युग्यो (Anryugyo)। यह उन पर और विशेषकर जोग्यो पर शाक्यमुनि ने सुदूर भविष्य में 'लोटस-सूत्र' की व्याख्या का कार्य सौंपा। नियम के बाद वाले दिनों में (the later day of the Law–) इसका तात्पर्य है B.C. के बाद A.D. वाले दिनों में।

अब यह स्पष्ट रूप से अद्‌भुत घटना है, पर इसका मतलब क्या है? इसमें से बहुत से निष्कर्ष निकलते हैं, जिनमें से अभी तीन पर बहस ज़रूरी है। पहला कि धरती के बोधिसत्व बड़े हैं 'तात्कालिक' बोधिसत्व से, जैसे कि याकुओं और

मिरोकू। यह इसलिए कि अस्थायी बोधिसत्व अपनी निश्चित विशिष्टता से लोगों की यातना में मदद करने में सक्षम हैं, पृथ्वी के बोधिसत्व लोगों को अखण्डित ख़ुशी की कुंजी, नियम की शिक्षा के द्वारा देने में सक्षम हैं, जिससे लोग बुद्ध बन सकते हैं। उदाहरण के लिए, डॉक्टर अपने मरीज को अच्छा करने में सक्षम है, जो कि प्रशंसनीय है, पर वह अपने मरीज को प्रबोधन तक नहीं पहुँचा सकता, जो कि सर्वोत्तम है।

दूसरा, धरती के चार प्रमुख बोधिसत्वों का सामने आना प्रतीक है लोगों में अन्तर्निहित अन्तःशक्ति के लगातार विकसित होती विशिष्टता का, जो कि अस्थायी बोधिसत्व का रूप धारण करने से ज़्यादा महान है। जैसा कि निचिरेन दैशोनिन व्याख्या करते हैं, "जोग्यो स्वयं का प्रतीक है, मुहेंग्यो अनन्तता का प्रतीक है, ज्योग्यो शुद्धता का प्रतीक है, अनारयुग्यो खुशियों का प्रतीक है।" देसाकु इकेदा इस कथन की थोड़ी गहराई से जाँच करते हैं–

> *"मेरी व्याख्या में, ख़ुद के गुण का मतलब है ख़ुद को मज़बूत बनाना, उस बिन्दु तक, जहाँ यह मुसीबतों का सामना कर सके और परेशानियों को अवसरों में बदल सके। अनन्तता का मतलब है शाश्वत जीवन में विश्वास, एक प्रयास सहित ताकि लक्ष्य की ओर बिना थके निर्बाध रूप से बढ़ सके।" अनन्तता का अहसास ख़ुद का विश्वास बढ़ाता है कि दयापूर्ण कार्यों के द्वारा कोई अपने पड़ोसी को, अपने वातावरण को, अपने देश को या सम्पूर्ण विश्व को भी बदल सकता है। पवित्रता का मतलब होता है एक निर्मल और दैदीप्यमान ज़िन्दगी, जिसमें पाप और अहंकारी वृत्ति शक्तिहीन होती है किसी को विचलित करने में। वह ज़िन्दगी जो समर्पित होती है दूसरों की मदद करने में, बजाय अपने किसी स्वार्थ की सिद्धि के, सच्चे ज्ञान और समझ का प्रकाश फैलाती है। ख़ुशी का मतलब होता है एक विचलित न होने वाली नींव (आधार) पर रहने का आनन्द, जिसकी जड़ें ब्रह्माण्ड की जीवन-शक्ति में होती है।*

तीसरा और सबसे महत्त्वपूर्ण यह है कि हम साधारण आदमी बोधिसत्व के प्रतिरूप की तरह कार्य कर सकते हैं, कारुणिक विशेषता को प्रदर्शित करके, जैसी कि वे प्रदर्शित करते है, उसी प्रकार हम पृथ्वी के बोधिसत्व की तरह कार्य कर सकते हैं। दूसरों को नियम की शिक्षा देने में अपना जीवन समर्पित करके। इसका

मतलब है कि बौद्ध-धर्म का ईमानदारी से प्रचार करना जो दूसरों को शिक्षा देता है कि उनमें अन्तर्निहित बौद्ध को कैसे व्यक्त किया जा सकता है। इसका प्रभाव होता है कि हममें धरती के बोधिसत्व के उन चार अग्रणी की विशेषताओं का स्वाभाविक रूप से विकास होते जाना, जो कि स्वयं बुद्धत्व के संसार का प्रतीक है। इस तरह हम साधारण मनुष्य महानतम सम्भावित करुणा दिखाने में समर्थ हैं और महानतम सम्भावित ख़ुशी को प्राप्त करने में सक्षम।

हालाँकि इतनी सारी विशेषताओं के बावजूद, बोधिसत्व के महान संसार के भी कुछ नकारात्मक पहलू हैं। इनमें से एक है ख़ुद को श्रेष्ठ समझने की प्रवृत्ति और जिसकी मदद की जा रही है, उस पर कृपालु होना, सच्ची करुणा के बजाय उस पर दया दिखाना या सहायता करना; दूसरा है ख़ुद की भलाई को नज़रअन्दाज़ करने की प्रवृत्ति और तीसरा इस बात का ख़तरा है कि दूसरों की खुशियों में मदद करने में जो समय या प्रयास लगता है, उससे जलना। जो लोग घर के बूढ़े-बुजुर्गों की सेवा में लगे होते हैं, वे अक्सर इस प्रवृत्ति के शिकार होते हैं। उदाहरण के लिए, हालाँकि यह सामान्य है उन कई जगहों पर, जहाँ लोग एक-दूसरे की मदद करते है, मुख्यतः काम की जगहों पर। पूरी तरह से सकारात्मक स्थिति को पाने के लिए, जिसमें हमेशा मूल्यों का निर्माण हो, परिस्थितियों की परवाह किये बगैर, अन्ततः कोई दस संसारों के उच्चतम स्तर में पहुँच जाता है, जो कि ख़ुद बुद्धत्व ही है।

लगभग तीन हज़ार साल पहले, भारत में, पीपल या बोधि वृक्ष के नीचे जिस क्षण शाक्यमुनि ने प्रबोधन प्राप्त किया, तब से तीन मूल प्रश्न और एक मूल समस्या बुद्धत्व, जो कि जीवन की सर्वोच्च स्थिति है, में हमेशा बहस का विषय बनी हुई है। इन प्रश्नों का योग इस प्रकार किया जा सकता है—दूसरे शब्दों में, 'बुद्धत्व का स्वरूप क्या है?' 'क्या यह वास्तव में मुझमें है?' और 'मैं इसे कैसे देख सकता हूँ?' जैसा कि शाक्यमुनि ने चेताया था कि मुश्किल यह है कि इन तीनों प्रश्नों में से प्रत्येक का उत्तर 'विश्वास करने में मुश्किल और समझ सकने में मुश्किल' दोनों है। अन्ततः जैसे कि स्ट्रॉबेरी का स्वाद जानने के लिए उसे खाना ही होगा, उसी प्रकार बुद्धत्व को समझने के लिए उसका अवश्य ही अनुभव करना होगा। इस पर भी एक सैद्धान्तिक व्याख्या की अच्छी शुरुआत हो सकती है।

इसीलिए सर्वप्रथम बुद्धत्व क्या है? शायद यह क्या नहीं है, से शुरू करना आसान होगा। बुद्धत्व कोई अलौकिक विशेषता नहीं कि आपको हवा में उड़ने जैसे दैवीय या जादुई कमाल के योग्य बनाता हो और न ही यह अनुभवातीत अवस्था ही है, जो कि इस दुनिया के रोज़मर्रा की सच्चाई से पृथक है जिसमें

आप मानसिक आनन्द या शान्ति पाते हैं। बुद्धत्व है और इसे प्रकट किया जा सकता है, यहाँ और अभी, इस दुनिया के हाड़-माँस के लोगों और वास्तविक क्रिया-कलापों के द्वारा। निचिरेन दैशोनिन कहते हैं, ''भगवान शाक्यमुनि बुद्ध के इस संसार में आविर्भाव का वास्तविक अर्थ उनके मनुष्य के रूप में किये गये कार्य हैं।'' कितनी गम्भीर बात है! दूसरे शब्दों में, शाक्यमुनि भगवान नहीं थे बल्कि एक मनुष्य थे और बुद्धत्व, हालाँकि जीवन की उच्चतम स्थिति है, को सभी लोग प्राप्त कर सकते हैं।'' इस प्रकार बुद्ध और सामान्य जन में कोई मौलिक अन्तर नहीं है। बुद्ध एक साधारण मनुष्य हैं जीवन की वास्तविक प्रकृति में 'जगे हुए', जैसा कि निचिरेन दैशोनिन ने आगे व्याख्या करते हुए कहा है, ''जब भ्रमित होता है तो सामान्य मनुष्य कहलाता है, किन्तु प्रबोधन होने पर वह बुद्ध कहलाता है।''

अगर आप पीछे जाकर इस परिच्छेद की प्रस्तावना देखेंगे तो पायेंगे कि एक सामान्य दिन की शुरुआत में सिर्फ़ नौ संसारों, नरक से लेकर बोधिसत्व का ज़िक्र किया गया है। यह इसीलिए कि हर व्यक्ति में बुद्धत्व, दसवाँ संसार होता है। जब तक वे इसके अस्तित्व के बारे में जानते हैं, स्वीकारते हैं तब वे धारण करते हैं और तब इस बात को खोजते हैं कि इसका प्रदर्शन कैसे हो, उनका बुद्धत्व सुषुप्तावस्था में रहता है। उदाहरण के लिए, देसाकु इकेदा बुद्धत्व का वर्णन इस प्रकार करते हैं–

"यह खुशियों की ख़ुशी है...जन्म, बुढ़ापा, बीमारी और मृत्यु–वेदना नहीं है, बल्कि जीवन की ख़ुशी का हिस्सा है। ज्ञान का प्रकाश सम्पूर्ण ब्रह्माण्ड को प्रकाशमय कर देता है, मनुष्य की आन्तरिक अनैतिक प्रकृति का विनाश कर देता है। बुद्ध का जीवन-स्थान (Life Space) सम्मिलित हो जाता है और ब्रह्माण्ड के साथ एकाकार हो जाता है। व्यक्ति ब्रह्माण्ड हो जाता है और क्षण भर में ही जीवन प्रवाह समस्त भूत और भविष्य को ख़ुद में समेट लेता है। वर्तमान के प्रत्येक क्षण में, ब्रह्माण्ड की शाश्वत जीवन-शक्ति ऊर्जा के एक बहुत बड़े फौव्वारे के रूप में प्रवाहित होने लगती है।"

स्पष्ट रूप से हममें से कुछ हैं जो कि ईमानदारी से यह दावा कर सकते हैं कि उन्होंने जीवन का ऐसा अनुभव किया है। शायद समय-समय पर हमें उत्कृष्ट परमानन्द का अनुभव हो सकता है जो कि संक्षिप्त रूप में यहाँ के विवरण से मेल खाता हो, पर वे पल बिल्कुल क्षण भंगुर होते हैं। बुद्धत्व का आनन्द परमानन्द से पृथक होता है। कारण यह वह ख़ुशी होती है जो यातनाओं के द्वारा नष्ट नहीं होती, बल्कि उनका संविलियन कर लेती है और इसका आनन्द बढ़ाया जा सकता है जीवन के पल-पल के क्रिया-कलापों की गहरी समझ से। ज्ञान, साहस, करुणा, जीवन-शक्ति, ये भी बुद्धत्व के वे गुण हैं, जो कि बोधिसत्व में नहीं पाये जाते।

इस विवरण में यह देखा जा सकता है कि बुद्धत्व ख़ुद को जीवन की एक 'विशेष' स्थिति के रूप में प्रकट नहीं करता है, बल्कि यह वह गुण है जो कि जब किसी स्त्री या पुरुष में प्रभावशाली होता है, तो उसके हर दिन का हर पल समृद्ध कर देता है, यहाँ तक कि मुसीबत भरे क्षणों में भी ख़ुशी का स्रोत ढूँढ़ लेता है। इससे यह पता चलता है कि एक बार हम अपने बुद्धत्व को व्यक्त करना शुरू कर देते हैं तो फिर हमें अपनी किसी भी निम्न मनोदशा को दबाने या नकारने की कोशिश नहीं करनी पड़ती। कारण हमारा बुद्धत्व बिल्कुल प्राकृतिक रूप में हमारे दूसरे नौ संसारों के सकारात्मक पहलुओं को उजागर करने में सक्षम बनाता है, नरक से बोधिसत्व तक, और इस प्रकार हमारे ख़ुद के लिए और दूसरों के लिए लगातार मूल्यों का सृजन करता है। इसी कारण निचिरेन दैशोनिन के बौद्ध-मत में कोई ईश्वरीय आदेश नहीं है, मनुष्य कार्य-कलापों को नियमित करने का नियम नहीं है। इसके स्थान पर सम्पूर्ण रूप से अपने ख़ुद के बुद्धत्व को ज़्यादा-से-ज़्यादा जानने पर जोर है, और इसे कैसे व्यक्त करें और अपने जीवन पर प्रभावशाली बनायें। आप वास्तव में कैसे रहते हैं—उदाहरण के लिए, चाहे आप सिगरेट पीते हों, शराब पीते हों या माँस खाते हों—इस प्रकार यह सब आप पर निर्भर करता है, जब आप इस प्रकार के बौद्ध-धर्म का अभ्यास शुरू करते हैं। हालाँकि जब आप अपनी ख़ुद की बुद्ध प्रकृति की बुद्धिमत्ता और करुणा का अनुभव करते हैं, आपको जल्द नज़र आने लगता है कि आपका कौन-सा कार्य आपके और दूसरों के लिए सच्चे मूल्यों का सृजन करता है और कौन यातना का कारण बनता है, हालाँकि, जो भी रास्ता आप चुनते हैं, वह पूरी तरह से आप पर निर्भर करता है।

एक बार जब उन्होंने प्रबोधन प्राप्त कर लिया, तब शाक्यमुनि को भी शुरुआती दौर में परेशानी हुई थी अपने समय के लोगों को प्रबोधन या बुद्धत्व के अनुभव का वास्तविक अर्थ समझाने में। शायद उनको जो मुश्किल हो रही थी, उससे सादृश्यता दिखाने के लिए। इसे आइन्स्टीन के सापेक्षतावाद के सिद्धान्त को छोटे शिशुओं को समझाने से हो सकती है। लोटस-सूत्र में इसीलिए शाक्यमुनि ने अपने प्रबोधन की प्रकृति बताने के लिए, अपने बुद्धत्व की स्वनुभूतिमूलक अनुभूति का "रत्न-जड़ित चट्टान (Treasure Tower)" से वर्णन किया है। यह एक बहुत बड़ा स्तूप था। दुर्लभ और बहुमूल्य रत्नों से जड़ा, जो कि धरती से निकलकर तब तक ऊँचा होता गया, जब तक वह पृथ्वी की चौड़ाई के आधे नहीं पहुँच गया। निश्चित रूप से ऐसी घटना कभी नहीं घटी थी, बल्कि यह सिर्फ़ शाक्यमुनि ने अपने जीवन की श्रेष्ठतम स्थिति की सम्पन्नता और विशालता की

सादृश्यता दर्शाने के लिए कही, एक स्पष्ट और शक्तिशाली चित्रण जो कि पुराने जमाने के भारतवासियों के द्वारा समझा जा सकता था, जिसके वे आदी थे–देवी और देवता, शैतान और पिशाच की आश्चर्यजनक कहानियों के।

इसके विपरीत तियान-ताई (t 'ien-t 'ai) को कई शताब्दियों पश्चात् ज़्यादा संस्कारित और तार्किक चीनी लोगों के सामने बुद्धत्व की व्याख्या में परेशानी हुई उन्होंने इचिनेन सनजेम (Ichinen Sanzem) नामक सिद्धान्त विकसित किया, जिसका शाब्दिक अर्थ है–'जीवन के एक क्षण में तीन सहस्त्र संसार'। हालाँकि इस सिद्धान्त (दस संसार जिसका एक भाग है और इस पुस्तक में जिसकी पूरी व्याख्या आगे की जायेगी), जो पूरी तरह से सुस्पष्ट है, को बुद्धिमत्ता से समझ पाना अभी तक बहुत ही मुश्किल है। फलस्वरूप बहुत सारे लोगों को यह विश्वास होने लगा कि प्रबोधित होने के लिए कुछ हद तक प्रतिभावान होना ज़रूरी है।

निचिरेन दैशोनिन के लिए यह समस्या थोड़ी भिन्न थी, क्योंकि जिस तेरहवीं शताब्दी के जापान में उनका अवतरण हुआ, वहाँ सभी सोचते थे कि वे, बुद्धत्व क्या है, यह जानते हैं यानी जीवन की वह स्थिति जो कि सिर्फ़ शाक्यमुनि बुद्ध ने प्राप्त की थी, इसीलिए उस समय तक बुद्ध और बुद्धत्व दोनों दैवीय माने जाते थे। निचिरेन दैशोनिन ने शाक्यमुनि और बुद्धत्व के प्रति अपने नज़रिए को अपनी एक कृति 'शैतान की मुद्रा का अभिनय' (Playing devil 's attitude) में संयोजित किया और संयोगवश जो अभी भी पूर्व के कई भागों में प्रचलित है :

> *शाक्यमुनि, सिद्धान्तों के देवता, बुद्ध हैं जिन्होंने तीनों प्रकार के भ्रमों का नाश किया। वे इस सम्पूर्ण ब्रह्माण्ड के चेतनावान जीवों के प्रभु हैं–राजा, बोधिसत्वों, दो वाहनों वाले लोग, सामान्य मृत्यु-जीवी और अलौकिकता...इतने महान बुद्ध भला हम आम इन्सानों के हृदयों में कैसे समा सकते हैं?*

यह हमें दूसरे प्रश्न पर ले आता है : "क्या मैं, जो इस पुस्तक को पढ़ रहा हूँ, बुद्धत्व से युक्त हूँ?" जवाब है 'हाँ'। समस्या यह है कि कभी इसका अनुभव न करने से आप शायद यह विश्वास नहीं कर पाते कि जीवन की इतनी सुन्दरतम स्थिति सम्भव है, इसे सम्पूर्ण विश्वास के साथ अपने जीवन में मानना चाहिए।

निश्चित रूप से यह एक प्राकृतिक प्रतिक्रिया है और जिसके बारे में निचिरेन दैशोनिन ने पहले ही कल्पना की थी : "बुद्धत्व की स्थिति का प्रदर्शन बहुत ही मुश्किल है, पर जबकि आपके पास नौ अन्य संसार हैं, आपको विश्वास करना चाहिए कि बुद्धत्व भी है। ख़ुद में सन्देह कभी मत आने दो।" इस बात को इस प्रकार भी समझा जा सकता है कि अगर आप देखते हैं कि नरक से बोधिसत्व

के नौ संसार के सिद्धान्त वास्तविक रूप में जीवन को जैसा आप जानते हैं, उसका वर्णन करते हैं तो आपको बुद्धत्व के दसवें संसार के होने पर भी भरोसा रखना चाहिए।

यह हमें तीसरे प्रश्न पर ले आता है : "हम इस बुद्धत्व को कैसे देख सकते हैं?" निचिरेन दैशोनिन सुस्पष्ट करते हैं। पहले दिये गये अवतरण का वर्णन करते हुए वे कहते हैं–

> *जब हम भ्रमित होते हैं, तब आम इन्सान कहलाते हैं, पर जब हम प्रबोधन प्राप्त कर लेते हैं तो बुद्ध कहलाते हैं। यहाँ तक कि अगर एक बदरंग दर्पण को रंग दिया जाये तो वह भी हीरे की तरह चमकने लगता है। वर्तमान में मन जीवन के स्वाभाविक अन्धकार से उपजाने वाले भ्रम के बादलों से ढका है उस बदरंग दर्पण की तरह, पर एक बार जब इसका परिष्कार कर दिया जायेगा तो यह साफ़ हो जायेगा और प्रदर्शित करेगा प्रबोधन के अपरिवर्तनीय सत्य का। अपने अन्दर गहरा विश्वास लाओ और अपने दर्पण का रात-दिन परिष्कार करो। कैसे परिष्कार करेंगे आप इसका? सिर्फ़ 'नाम-म्योहो-रेंगे-क्यो' का जाप करके।*

एक बार फिर असल मुश्किल यहाँ है कि क्या आप इस पर विश्वास करते हैं, हालाँकि एक स्थान पर यह तीसरा प्रश्न साधारण तरीके से प्रदर्शित करता है मौलिक रूप से यह वास्तविक तथ्य की माँग है जिसकी पहले चर्चा हो चुकी है और इसलिए बहुत ही महत्त्वपूर्ण है।

अन्तिम विश्लेषण में निचिरेन दैशोनिन के कथन की जाँच करने का अकेला तरीका यह है कि आपमें भी जीवन की महानतम स्थिति, जिसे बुद्धत्व कहा जाता है, विद्यमान है, वैसा करें, जैसी वे सलाह देते हैं : 'नाम-म्योहो-रेंगे-क्यो' का जाप करें और स्वयं देखें। इस अर्थ में निचिरेन दैशोनिन के बौद्ध-मत का अभ्यास करना डॉक्टर के पास जाने जैसा ही है : अगर सही मर्ज़ समझ लिया गया है तो दवाइयाँ असर करेंगी ही, जिसे दूसरे तरीके से कहा गया है कि अगर दवाइयाँ काम करती हैं तो इसका मतलब है कि सही मर्ज़ का पता चल गया है।

पारस्परिक स्वामित्व

इससे पहले कि हम उन लोगों के अनुभवों को देखें जिन्होंने इस सिद्धान्त को परखने की सोची, दस संसार के तीन और भी पहलू हैं, जिनकी व्याख्या ज़रूरी है।

इनमें से पहला है कि, हालाँकि सभी में दस संसार होते हैं, फिर भी भिन्न-भिन्न लोगों में भिन्न-भिन्न संसार मज़बूत और कमज़ोर होते हैं और ज़्यादातर लोगों में एक संसार का अधिपत्य होता है। इसलिए उदाहरण के तौर पर, टॉम वोल्फ (Tom Wolfe) के सही व्यक्ति (The Right Stuff) के पायलट पर क्रोध की प्रधानता होती है; दोस्तोव्येस्की के 'जुआरी' के नायक अलेक्सी (Alexei) पर भूख की प्रधानता होती है, फ्लोरेंस नाइटिंगेल पर उसके बोधिसत्व की प्रकृति की प्रधानता होती है और इसी प्रकार यह बहुत ही महत्त्वपूर्ण है, क्योंकि जो भी स्थिति आपके जीवन में प्रभावकारी होती है, दूसरे नौ पर उसका असर होता है। इस प्रकार, एक व्यक्ति जिसमें क्रोध की बहुत मज़बूत स्थिति होती है, साथ में बोधिसत्व की भी स्थिति होती है उदाहरण के लिए, जो भी दयालुता के कार्य वह करता है, वह शायद श्रेष्ठता की भावना से प्रेरित होकर अपनी और जिनकी वह मदद करता है। इसके विपरीत जिस व्यक्ति में क्रोध की अपेक्षा बोधिसत्व की प्रधानता होती है, उनमें गुस्सा अपरिवर्तनीय रूप से उनके बदले में प्रकट होगा, जिनकी वे चिन्ता करते हैं, बल्कि एक बहुत अच्छा उदाहरण है कि क्रीमियन युद्ध के दौरान फ्लोरेंस नाइटिंगेल की ब्रितानी फौज की धर्मसत्ता के ख़िलाफ़ लड़ाई।

यह हमें दूसरे बिन्दु पर ले आता है। यह तथ्य कि दस संसारों में से किसी एक का असर बाकी सबों पर पड़ता है, की व्याख्या दस संसार के 'पारस्परिक स्वामित्व' में की गयी है। लोटस-सूत्र से पहले की शिक्षा दस संसारों का इस प्रकार चित्रण करती है मानो वे वास्तविक भौतिक स्थान हों जिनमें किसी व्यक्ति का जन्म होता है, उसके पूर्व जन्म के कार्यों के अनुसार और उस निश्चित संसार में जीवन-पर्यन्त रहना उसकी नियति होती थी। इस प्रकार नरक में होने का मतलब ज़मीन के अन्दर, पशुता में होने का मतलब समुद्र में, धरती पर या हवा में, मानवता होने पर पृथ्वी पर और इसी प्रकार।

इसके विपरीत लोटस-सूत्र हमें सिखाता है कि दस संसार प्रत्यक्ष (सापेक्ष) अनुभव को चित्रित करने के मार्ग हैं, और आगे यहाँ तक कि दस संसार में से प्रत्येक में बाकी के सारे संसार 'होते हैं', का 'स्वामित्व' होता है। इसका मतलब होता है कि दस संसार में से प्रत्येक दूसरों को अपनी एक निश्चित 'भावना' दे देता है। उदाहरण के लिए, अगर किसी व्यक्ति में प्रशान्ति की प्रधानता हो तो उस व्यक्ति की भूख किसी वस्तु की तलाश में प्रतीत होती है, पर बिना इसे प्राप्त करने के किसी प्रयत्न के, जबकि पशु-वृत्ति की गिरफ़्त में फँसे किसी व्यक्ति की भूख को देखा जा सकता है, कहें कि रियायती बिक्री के समय के दुःसाहसी ख़रीदारों की लालची इच्छाओं की तरह, जो कि पहले बताया गया है। इसी प्रकार

जिनकी प्रशान्ति पशु-वृत्ति के अधीन होगी, वे भी बिल्कुल उन्हीं ख़रीदारों की तरह लगेंगे बस में सन्तुष्ट होकर बैठे हुए, पूरी तरह से सन्तुष्ट अपने उस मोल-भाव से, जो कि उन्होंने किसी और से पहले कर लिया है। जबकि नरक के संसार में प्रशान्ति यातना के सामने पूरा आत्म-समर्पण या मानसिक जड़ता को दर्शाती है। तब वास्तव में दस संसारों के पारस्परिक स्वामित्व जीवन की दस मूल मनोदशाओं से गुणा हो जाती है उन्हें और ज़्यादा व्यापक और जटिल बनाते हुए। जैसा कि तेन-ताई कहते हैं, "जीवन हर क्षण दस संसारों से युक्त होता है। एक ही समय में दस संसारों में से प्रत्येक दूसरे सभी संसारों से युक्त होते हैं।"

मन के दस संसारों का पारस्परिक स्वामित्व का सैद्धान्तिक आधार भी है और क्षण भर में एक स्थिति से दूसरी स्थिति में जाने की सम्भावना का विवरण भी है। अगर परमानन्द के संसार में नरक का संसार नहीं होता तो एक पल में ही चाँद पर पहुँचने जैसा महसूस करना असम्भव होता और तब कुछ बुरे समाचारों को धन्यवाद जिनकी वजह से अचानक ही गर्त में चले जाना। उसी प्रकार अगर नरक के संसार में परमानन्द नहीं होता तो भले ही क्षण भर के लिए ही पर कोई भी अच्छी खबर हमें ख़ुश नहीं कर पाती। इस प्रकार पारस्परिक अभिव्यक्ति के इस सिद्धान्त के अनुसार, किसी भी क्षण या दूसरे ही क्षण यह सम्भव होता है कि या तो हम उसी संसार में रहेंगे या बाकी के नौ में। यह सिर्फ़ लोगों में बदलाव ही नहीं बताता है, बल्कि यह इस बात की भी व्याख्या करता है कि किस प्रकार कभी-कभी हम उस तरीके से बर्ताव करते हैं जो कि हम जानते हैं कि प्रतिवादी (contradictory), अविवेकी या हानिकारक भी होता है। एक उदाहरण लेते हैं। एक मनोचिकित्सक बुरी तरह से अवसाद से पीड़ित हो जाता है जबकि वह चिकित्सीय अवसाद के बारे में बहुत अच्छी तरह से जानता है और दूसरों को सफलतापूर्वक ठीक कर देता है, तो इसका कारण यह है कि आत्म-ज्ञान और बोधिसत्व के संसार में नरक का भी वास होता है : दूसरे शब्दों में कहें तो उसकी समस्या को उसके ज्ञान से दूर नहीं किया जा सकता है। दस मनोदशाओं के संसार के पारस्परिक स्वामित्व के विचार से एक प्रश्न उठता है : जब हम नरक में होते हैं तो कहिए, उस समय वास्तविक रूप में हमारा परमानन्द कहाँ रहता है और दूसरे नौ संसार भूख से लेकर बोधिसत्व तक? हमारे वे नौ संसार कहाँ 'चले जाते' हैं, जब हम दसवें में रहते हैं? यह हमें तीसरे बिन्दु पर ले आता है, क्योंकि बौद्ध-धर्म यह जवाब देता है कि वे अव्यक्तता (अन्तर्निहित) की स्थिति में होते हैं जो कि कू (Ku) कहलाता है।

कू (संस्कृत का शून्य या शून्यता, मतलब रिक्तता या खाली जगह) की

संकल्पना ने बहुत ही मुश्किलें खड़ी कर दीं, उन लोगों के लिए जो शताब्दियों से बौद्ध-धर्म को समझने की कोशिश कर रहे हैं, क्योंकि यह एक ऐसी स्थिति को बताता है जो कि "न तो है और न ही नहीं है" (Neither existence nor non -existence) ज़्यादातर पश्चिमी दिमाग़ों के लिए शायद यह एक अर्थहीन बात होगी : या तो कोई चीज़ होती है या फिर नहीं होती (either something exists or it does not)। हालाँकि कू की अवधारणा यह विवरण देती है कि ऐसे बहुत सारे क्रिया-कलाप हैं, जो इस स्थिर द्वैतवाद से मेल नहीं खाते। उदाहरण के लिए, हम सभी जानते हैं कि हम कभी-कभी क्रोधित होते रहते हैं, किन्तु हम यह भी जानते हैं कि अपना आपा खोने में कोई विशेष चीज़ होती है—बेइज़्ज़ती, व्यक्तिगत अन्याय या फिर कुछ और। जब हम अपना आपा खोते हैं तो भावों का बाहरी प्रदर्शन बिल्कुल स्पष्ट होता है : क्रोध भरा भाव, सीधे घूरना, ऊँची आवाज़, कर्कश लहज़ा और इसी प्रकार की चीज़ें। जब हमारा गुस्सा ठण्डा होता है तो ये चिह्न गायब हो जाते हैं। हम जानते हैं कि क्रोधावेश हममें अभी भी है लेकिन अभी फिलहाल यह हमनें है इसका कोई सबूत नहीं दे सकते। उस समय हमारा गुस्सा कू की स्थिति में होता है। यह है और यह नहीं है, यह हम जानते हैं कि हमारा क्रोधावेश हमारी ज़िन्दगी में 'कहीं' है और उसी समय हमारे पास इसे प्रमाणित करने का कोई तरीका नहीं होता सिवाय पुनः क्रोधित होने के।

एक दूसरा उदाहरण लें : संगीत का एक कैसेट। कैसेट में जो संगीत जमा रहता है, वह कू की स्थिति में रहता है जब तक कि उसे सच में न बजाया जाये। साफ़ कहें तो कोई कह सकता है कि कैसेट का अस्तित्व है और कैसेट चुम्बकीय आवेग से श्रेणीबद्ध होता है पर संगीत तभी हमारे सामने आता है, जब कई बाहरी स्थितियाँ मिलती हैं; इस सन्दर्भ में जब कैसेट में बद्ध संगीत प्ले हेड (Play Head) के ऊपर से सही गति में गुज़रता है, और जब उसके चुम्बकीय आवेग का रूपान्तरण होता है और एम्प्लिफायर (Amplifier 'ध्वनि विस्तारक यन्त्र') से उसका विस्तारण (boost) होता है और अन्त में ध्वनि के रूप में स्पीकर से बाहर आता है। इनमें से किसी एक भी कारक के न होने का मतलब है कि संगीत कू की स्थिति में है।

साधारण तौर पर कहा जा सकता है कि कू उन चीज़ों पर लागू होता है जिनमें हम जानते हैं कि निश्चित प्रवाह होता है, लेकिन वह तभी सामने आता है जब स्थितियाँ सही होती हैं। बाकी के सम्पूर्ण समय में ऐसा लगता है कि उनका अस्तित्व ही नहीं है। याददाश्त इसका बहुत ही अच्छा दूसरा उदाहरण है, जैसे कि हमें किसी चीज़ के होने का अहसास तब होता है, जब वह हमारे

सचेतन मन में आता है; बाकी के समय में वह अचेतन मस्तिष्क में रहता है, हमसे अनजाना, कू की स्थिति में।

निचिरेन दैशोनिन दस मनोदशाओं के संसार के पारस्परिक स्वामित्व और कू की संकल्पना की परेशानियों से भली-भाँति अवगत थे। वे कहते हैं, "दस संसारों के स्वामित्व पर विश्वास करना उतना ही कठिन है, जितना कि पत्थरों में आग होती है या वृक्ष में फूल। फिर भी सही परिस्थितियों में ये सब होते हैं और इनका विश्वास किया जा सकता है।" उदाहरण के लिए, हम यह आसानी से मान लेते हैं कि कोयला जलाया जा सकता है और चेरी का पेड़ बसन्त में पुष्पित होता है, क्योंकि इन घटनाओं के साथ हमारा सीधा अनुभव होता है। एक क्षण के लिए अगर हम यह कल्पना करें कि हमें ऐसा कोई अनुभव नहीं है, तब अगर हम चेरी के पेड़ को जाड़े के मौसम में देखते हैं तो उसे मरा हुआ मान लेते हैं, क्योंकि हमारी इन्द्रियाँ हमें यही बताती है, अगर यह मानने के बाद कि वह ज़िन्दा था, हम निश्चय करते हैं कि उसको चीरकर उसका विश्लेषण करें, तब हमें कुछ भी नहीं मिलेगा जो यह बताये कि यह बसन्त में फूलों से भर जायेगा : इस समय उन फूलों का कोई अस्तित्व ही नहीं है। और फिर भी वे कू की स्थिति में होते हैं, खिलने के लिए सही समय और परिस्थिति का इन्तज़ार करते हुए।

ये दोनों संकल्पनाएँ महत्त्वपूर्ण हैं, क्योंकि सैद्धान्तिक रूप से वे मदद करती हैं समझने में कि किसी के लिए भी, किसी भी स्थिति में, ख़ुद के बुद्धत्व को बाहर लाना क्यों ज़रूरी होता है। अगर आपने सच में कभी भी बुद्धत्व को महसूस नहीं किया है फिर भी यह होता है इस क्षण में भी, कू की स्थिति में, और बिल्कुल चेरी के फूलों की तरह, सही स्थितियों में बाहर आने के इन्तज़ार में, उपरोक्त बातों के आधार पर निचिरेन दैशोनिन कहते हैं–

> *अब चूँकि आप विश्वास करते हैं कि मानवता के साथ दूसरे आठ संसार भी होते हैं, नरक से लेकर बोधिसत्व तक, तब आप उसमें बुद्धत्व को क्यों नहीं शामिल कर पा रहे हैं? चीन के सिद्ध-राजा याओ (Yao) और शुन (Shun) सभी लोगों के प्रति समदर्शी थे। उन्होंने बुद्धत्व के एक पहलू को मानवता में देखा। बोधिसत्व फुकयो (Fukyo) (लोटस-सूत्र में एक काल्पनिक बोधिसत्व फुकयो आता है जो हर किसी के आन्तरिक बुद्धत्व की प्रकृति का आदर करता है। इसके बावजूद भी उसका मज़ाक़ उड़ाया जाता है और उसे लाठियों और पत्थरों से मारा जाता है) जिससे भी मिलता था, उसी*

में बुद्ध को देखता था। और राजकुमार सिद्धार्थ (शाक्यमुनि) एक आदमी थे, जो बुद्ध बन गये। इन उदाहरणों से आपको विश्वास होना चाहिए।

इसके अलावा दस संसारों का पारस्परिक स्वामित्व यह भी व्याख्या करता है कि नरक के संसार में भी बुद्धत्व होता है। इसका मतलब यह हुआ कि भले ही इस क्षण आप कितने भी दुखी क्यों न हों, दूसरे ही क्षण में आप जीवन की उच्चतम स्थिति में पहुँच सकते हैं। उसी तरह बुद्धत्व के संसार में भी नरक का संसार होता है, दूसरे सबों में, जिन लोगों ने इस महानतम जीवन-स्थिति को पा लिया है वह भी मनुष्य ही हैं और उन्हीं की तरह यातना भी झेलते हैं। दोनों में अन्तर यह है कि बुद्धत्व में दुःख मूलतः दूसरों के लिए होता है। एक उदाहरण से इसे प्रमाणित कर सकते हैं कि 'नाम-म्योहो-रेंगे-क्यो' के जाप से यातना दूर हो जायेगी और दूसरों को भी यह जाप करने के लिए ख़ुद ही प्रेरित करेगा। इसके बावजूद भी ज़्यादा महत्त्वपूर्ण यह है कि बुद्धत्व सभी दूसरे नौ संसार में होता है, यह तथ्य रेखांकित करता है कि बुद्ध कोई दिव्य पुरुष नहीं हैं बल्कि एक साधारण मनुष्य हैं—यद्यपि, उन्हें प्रबोधन प्राप्त है।

लेकिन यह एक ऐसा विचार है जिसे अपनाना मुश्किल है और इसे हम विस्तार से बाद में देखेंगे। अभी के लिए, एक क्षण के लिए हम सिद्धान्त से प्रयोग की तरफ मुड़ते हैं और तीन लोगों का अनुभव देखते हैं, जो कि निचिरेन दैशोनिन के बौद्ध-मत का आचरण कर अपने जीवन की यातनाओं का सामना करने के योग्य और सक्षम हो सके।

तीन अनुभव

यद्यपि 'नाम-म्योहो-रेंगे-क्यो' को कहीं भी और कभी भी अपनी सुविधा के अनुसार जप सकते हैं, इस बौद्ध-मत का आचरण करने की वास्तविक प्रतिज्ञा आती है केवल तभी, जब कोई निर्णय करता है गोहोंजोन (Gohonzon 'Buddha Us') को धारण करने का। एक मौलिक समस्या से गुज़रते हुए एंजेला बोल्गर (Angela Bolger) ने अपने गोहोंजोन को जून, 1984 में धारण करने का विचार किया। जैसा कि वह बताती हैं, "चार वर्ष पहले मैं मिरगी से रोगग्रस्त हुई, मुझे इतने बुरे दौरे पड़ते थे कि दौरा पड़ने के बाद मुझे अस्पताल जाना पड़ता था और स्वस्थ होने में सप्ताह भर का समय लगता था। एक बार यह स्पष्ट हो गया था कि दौरे फिर पड़ेंगे, सर्वोत्तम चिकित्सा के लिए गहन जाँच-पड़ताल की गयी। अन्त में मुझे कुछ दवाइयाँ दी गयीं, जिन्हें प्रतिदिन लेना था और जिससे मुझे चक्कर

आता था, उनींदा होती थी और याददाश्त खो बैठती थी। मैंने निर्णय किया कि मैं वह दवाइयाँ नहीं लूँगी और फिर इसके निवारण हेतु दूसरे विकल्पों की तलाश करने लगी। मैंने इस पद्धति को भी जाना।

जल्द ही मैंने यह पाया कि जाप करके मैं इन मिरगी के दौरों को रोक सकती हूँ, हालाँकि मैं इसकी कृतज्ञ थी, पर मैंने महसूस किया कि मैं तब तक पूरी तरह से ठीक नहीं हो सकती, जब तक इस बीमारी की वजह न समझ लूँ। यह इसलिए था, क्योंकि मुझे मालूम था कि मेरी ज़िन्दगी में कुछ ग़लत है। चाहे मैं कितना भी अच्छा होने या 'करने की कोशिश' करती थी, मैं किसी-न-किसी तरह से हारी हुई महसूस करती थी। यह समझना और भी आसान हो गया जब मैंने बौद्ध दर्शन के बारे में जाना, जो सिखाता है कि मनुष्य के दुःख के तीन कारण विष समान हैं। वे हैं लालच, गुस्सा और बेवक़ूफ़ी जो कि जीवन की निम्न-स्थिति से उत्पन्न होते हैं। व्याख्यान ख़त्म होने के बाद, जहाँ मुझे यह बात बतायी गयी थी, वक़्ता ने हमें कहा था कि हमें जाप करना चाहिए उस विशिष्ट विनाशक विचारधारा के लिए, जो हमारे जीवन को पभावित किये हुए है।

"उसके बाद मैं सीधे घर गयी, जाप के द्वारा इस चुनौती को स्वीकार करने के लिए। कुछ ही मिनटों में मैं गुस्से में भर गयी। मैं इस पर बहुत ही अचम्भित थी, क्योंकि मैं ख़ुद को थोड़ा शान्त स्वभाव का मानती थी। अभी तक, जैसा कि मैंने स्वयं से कहा, कम-से-कम मैं जानती थी कि मुझे अब क्या परेशानी है। इसके बावजूद, मैं अपनी खोज से इतना भयभीत हो गयी थी कि मैं किसी अँधेरे कोने में छिप जाना चाहती थी। यह ऐसा था मानो अचानक मैं पारदर्शी हो गयी हूँ और मेरे भीतर उठते हुए गुस्से के बवण्डर को सभी देख सकते हैं या उस गुस्से को मेरी आवाज़ में सुन सकते हैं, अगर मैं बोलती हूँ तो। सबसे पहले इसे दूर करने के लिए मैंने जाप किया, क्योंकि मैं इसके साथ नहीं रह सकती थी। इसके बावजूद जितना मैं जाप करती थी, उतना ही ज़्यादा मैं गुस्सैल होती जा रही थी और मैंने महसूस किया कि यह ऐसे ही नहीं जायेगा। अब बस एक ही रास्ता बचा था कि इस चीज़ से आमने-सामने मिला जाये, गोहोंजोन के समक्ष, गुस्से का अनुभव किया जाये कि यह क्या है और फिर इसे किस तरह जीता जाये।

चुनौती शुरू हो चुकी थी। उन महीनों के दरम्यान जब मैं इससे लड़ रही थी, मैं आश्चर्यचकित थी कि मेरा क्रोध तभी ख़ुद को प्रकट करता था, जब मैं अकेली होती थी। जब मैं दूसरों के साथ होती थी, तब यह बिल्कुल नहीं आता था। मैंने इसे अपने गोहोंजोन के अभ्यास के कारण एक 'कवच' के रूप में लिया। इसके बाद जैसे-जैसे मैं इस पर जाप करती गयी, मैंने महसूस किया कि मेरे सारे

दुःख उस गुस्से का नतीजा थे, क्योंकि गुस्से का मतलब सिर्फ़ पैर पटकना और चिल्लाना नहीं होता है—यह नाराज़गी, आलोचनात्मक रुख, समय और प्रयास के प्रति असन्तुष्टि के साथ-साथ कृतज्ञता, आदर और निश्छलता का अभाव भी है यह सब मैं ख़ुद कि ज़िन्दगी में देख सकती थी, मेरी असन्तुष्टि में, काम में, परेशानी में और मेरे असफल रिश्तों में।

अन्त में, मैं जानती थी कि मेरा गुस्सा इतना बड़ा है कि मैंने अपने भीतर गहरे में दबाकर रख दिया था क्योंकि उसको बाहर निकलना बहुत ही शर्मनाक था। मैं समझ गयी थी कि मेरी मिरगी और कुछ नहीं थी, बल्कि हृदय के उद्वेग को बाहर निकालने का एक सहज मार्ग थी जो कि खुल जाता था, जब भी मेरा शरीर जमा हुए क्रोध को और एक क्षण भी झेल नहीं पाता था। दूसरे शब्दों में, मेरी बीमारी, हालाँकि उसे चिकित्सीय हिसाब से मिरगी कहा जाता था, वास्तव में अगाध गुस्से का एक दूसरा लक्षण भर था।"

निचिरेन दैशोनिन के बौद्ध-मत में एक सिद्धान्त है, जो कि कहता है कि किसी व्यक्तिगत समस्या को सुलझाने का सबसे अच्छा तरीका है कि दूसरों की खुशियों के लिए प्रयास करना। (गाँधी ने अपने तावीज़ के जरिये यही बात बताई थी।) यह विरोधाभासी लग सकता है, लेकिन इसके पीछे की समझ यह है कि दूसरों की ख़ुशियों पर ख़ुद को केन्द्रित करके हम अपना जीवन इतना विराट कर सकते हैं कि हम फिर अपनी परेशानियों के अन्तःदर्शी और घुटन भरे ध्यान से और ज़्यादा प्रभावित (आक्रान्त) नहीं होते। उदाहरण के लिए, स्याही की एक बूँद एक कप पानी को तो नीला कर सकती है, लेकिन उसका समुद्र पर कोई असर नहीं होगा। इसलिए दूसरों के लिए प्रयास करते हुए धीरे-धीरे हम अपने जीवन को व्यापक बनाकर न सिर्फ़ अपने दुःख कम करते हैं, बल्कि हमारे अन्दर बुद्धिमत्ता, साहस और करुणा जैसे गुण भी आते हैं जिनका इस्तेमाल हम फिर अपनी समस्याओं के समाधान में कर सकते हैं।

इसके बाद जब वह समझ गयी कि उसकी बीमारी की मुख्य वजह उसका गुस्सा है, एंजेला ने ख़ुद के लिए एक अवास्तविक लगने वाला लक्ष्य निर्धारित किया : उसने निश्चय किया कि वह अपनी मुसीबतों की जड़ को मार्च, 1985 के मध्य तक समाप्त कर देगी, जिसमें कुछ ही सप्ताह बाकी थे। यह तब था जब वह SGI-UK* के एक बड़े कार्यक्रम को चलाने में मदद करने में बुरी तरह व्यस्त थी और उसने महसूस किया कि दूसरों के लिए सर्वोत्तम करके वह अपने गुस्से

* एस.जी.आई.—SGI एक बौद्धिस्थ संस्था है जिसका दावा है कि 192 देशों में उसके एक करोड़ बीस लाख सदस्य हैं और यह संस्था विभिन्न शैक्षणिक, सांस्कृतिक और शोध संस्थान चलाती है।

से निजात पा लेगी, जो कि उसके जीवन को विषमय बना रहा था। सर्वोपरि, वह इसका सकारात्मक परिणाम देखना चाहती थी अपने कार्य की स्थिति में उन्नति के रूप में और दूसरों के साथ अपने रिश्तों में, विशेषकर अपने परिवार के साथ। अब जबकि उसका लक्ष्य साफ़ था, उसके जाप ने उसे एक और महत्त्वपूर्ण चीज़ से अवगत कराया। वह कहती है, "मैंने अपने गुस्से को एक बहुत ही सकारात्मक चीज़ के रूप में पहचाना। गुस्सा अत्यधिक ऊर्जा उत्पन्न करता है जिसका उपयोग हम सच्चे मूल्यों के निर्माण में कर सकते है। हालाँकि जैसे-जैसे SGI-UK का कार्यक्रम नज़दीक आता जा रहा था, उसका गुस्सा बद से बदतर होता जा रहा था, लेकिन कार्यक्रम के दिन वह इतनी व्यस्त थी कि उसके पास ख़ुद के बारे में सोचने का समय ही नहीं था। वह बाद में आया। अगले सोमवार को मैं सोकर उठी और मैंने महसूस किया कि मेरे इतने प्रयत्न के बावजूद कुछ भी नहीं बदला। मैं पहले से भी ज़्यादा गुस्सा हो गयी और बहुत ज़्यादा जाप किया, अपने जीवन को बदलने के लिए। मैं इससे पहले कभी किसी चीज़ के लिए इतनी सच्ची नहीं थी।

तब स्वाभाविक तौर पर बदलाव आया और मैंने इसका असर महसूस किया। मुझे अपने कार्य-क्षेत्र की पुरानी समस्याओं को हल करने के लिए नये तरीके मिल गये मैं लोगों से बहुत आसानी से घुलने-मिलने लगी और जैसे-जैसे मेरे अन्दर की करुणा दृढ़ होती जा रही थी, मुझे दूसरों को यह बताने में आसानी हो रही थी कि वे भी बौद्ध-धर्म का आचरण करके ख़ुश हो सकते हैं। यही नहीं; मैं अपने परिवार के भी काफ़ी करीब आ गयी थी। चिकित्सीय दृष्टि से मुझे मिरगी से मुक्त करार दे दिया गया। फलस्वरूप मैंने बहुत सारे चिकित्सकों को निचिरेन दैशोनिन के बौद्धमत से परिचित करवाया और इस बीमारी के बृहद् कारण को समझकर दूसरे रोगियों को भी उनकी लड़ाई में मदद की, उन्हें प्रेरित किया इस बीमारी से लड़ने के लिए।

सबसे अच्छा, जो ऊर्जा एक समय गुस्से के रूप में प्रकट हुई थी, अब मैं उसे ख़ुद की और दूसरों की खुशियाँ प्राप्त करने में ज़्यादा-से-ज़्यादा सहायक पा रही थी। इस अनुभव ने मेरी धारणा दृढ़ कर दी थी कि मुझे चाहे कुछ भी हो जाये, मैं गोहोंजोन के माध्यम से जीत सकती हूँ। मुझे अपना गुस्सा एक कीमती साथी नज़र आ रहा था शान्ति के पथ पर, इस बौद्ध-मत पर आधारित एक सृजनात्मक दुनिया बनाने में और मैं ख़ुद को गौरवान्वित और कृतज्ञ महसूस कर रही थी कि मेरे पास इतना बेशकीमती तोहफ़ा है और मैं इसके लिए इसकी प्रशंसा करती हूँ।"

अगर एंजेला बोल्गर की समस्या उसके गुस्से की प्रधानता की वजह से थी तो ग्राहम वारविक (Graham Warwick) की समस्याओं की मुख्य वजह भूख थी वह भूख जो बाध्यता बन चुकी थी। ग्राहम ने तब शराब पीना शुरू किया था, जब वह सोलह साल का था और जब उसने जाप करना शुरू किया, तब तक वह बीस साल पुराना पियक्कड़ बन चुका था। वह कहता है, "सामाजिक अभिजात के कारण आरम्भिक वर्षों में आज़ादी की भावना, हाज़िरजवाबी, ज्ञान और छद्म-परिष्कार की ज़्यादा ज़रूरत नहीं पड़ी। जैसा कि हम लोग जानते हैं कि यह जीवन का बहुत ही सुकुमार (संवेदनशील) समय होता है। एक बहुत ही सुन्दर मौका होता है लालच, गुस्सा और बेवकूफी जैसी तीन ज़हरीली स्थितियों पर अपना आधिपत्य जमाने के लिए। हालाँकि उस समय (अभी) मेरा शराब पीना काफ़ी कम था, उन तीनों ज़हरों को काबू में करने के लिए (अपना कार्य करने के लिए)। दो साल के अन्दर मेरा ज़्यादातर खाली समय किसी शराबखाने में गुज़रने लगा या फिर सप्ताहान्त में होने वाली पार्टियों में, जहाँ मैं तबीयत भर पी सकता था और अपने से थोड़ा कम बक-बक करने वालों पर अपनी बक-बक से हावी हो सकता था।"

कुछ समय तक ग्राहम विभिन्न चीज़ों में रुचि लेता था, लेकिन धीरे धीरे उसकी सारी हरकतें शराब द्वारा नियन्त्रित होने लगीं। वह बताता है, "अगर मैं कहीं जा रहा होता था तो जो बात मुझे सबसे ज़्यादा परेशान करती थी वह यह थी कि क्या वहाँ मुझे शराब मिलेगी या फिर बाद में किसी नज़दीकी शराबघर में मिलेगी। मैं मानता था कि तब तक सही मज़ा मुमकिन नहीं, जब तक शराब उस चीज़ का हिस्सा न हो। यह तब तक चलता रहा, जब तक मैं एक लड़की से न मिला जिसने मेरे भीतर दूसरी तरह की भावनाएँ उत्पन्न कर दीं।"

ग्राहम को ज़िन्दगी के उस मोड़ पर हर चीज़ अद्भुत लगती थी। ईमानदारी से उसने ख़ुद को इससे पहले कभी इतना ख़ुश और जीवन्त नहीं पाया था और उसकी प्रेयसी भी कभी-कभार (पार्टी के अवसरों पर) उसी की तरह पीना पसन्द करती थी, हालाँकि वह ग्राहम के इस नज़रिए से इत्तफ़ाक़ नहीं रखती थी कि शराब पीना जीवन की धुरी है और अगर दोस्त हों तो सिर्फ़ पीने वाले दोस्त हों। पर जैसा कि ग्राहम बताता है, "मैं इस बात से बहुत ख़ुश था, क्योंकि अभी तक यह मामूली मतान्तर था। हमारा रिश्ता बाहरी प्रतिरोध के बावजूद बढ़ता गया। मतभेद की कई स्थितियाँ उभरीं, लेकिन अन्तिम रूप से टूटने-बिखरने के पहले हम सँभल गये और अन्ततः साथ रहने का फ़ैसला लिया।

"हालाँकि मुझे अभी भी आसान लगता है हर बाधा के लिए परिस्थितियों

को ज़िम्मेदार ठहराने में, दूसरे लोगों को भी (मेरी प्रेयसी भी) और हर उस चीज़ को जो सामने आती थी। अपने अहंकारी अहम की वजह से मुझे जरा-सा भी आभास नहीं था कि मैं वस्तुतः किसी भी प्रकार से ज़िम्मेदार हो सकता हूँ अपने जीवन की नकारात्मकता के लिए। इसके विपरीत ज़्यादातर समय में हमारे बीच की चीज़ें बहुत अच्छी थीं। हम आठ वर्षों से ज़्यादा साथ रहे, लेकिन हमारे रिश्तों ने परमानन्द के चक्र का अनुकरण किया जब चीज़ें धीरे-धीरे नष्ट होने लगीं, तब घबराहट होने लगी और अन्ततः भ्रम मिट गया।" आख़िरकार उन्होंने अलग होने का फ़ैसला लिया, हालाँकि वे एक-दूसरे के सम्पर्क में रहे और एक-दूसरे को पसन्द भी करते रहे।

हालाँकि उस समय इस रिश्ते की विफलता ने ग्राहम को बहुत ही गहरी चोट पहुँचाई। इस रिश्ते के टूटने की ज़्यादा वजह मेरा शराब पीने पर ज़्यादा-से-ज़्यादा आश्रित होना था, बजाय अपनी समस्याओं का सामना करने के। लगभग हमारे सभी दोस्त पीते थे। मैं अपना ज़्यादातर समय या तो शराबखाने में पीते हुए बिताता था या फिर अपने दोस्तों के साथ जिन्हें मैं बुला लाता था, ताकि मैं घर में भी पीना जारी रख सकूँ। इस स्थिति को सुधारने के लिए कुछ ठोस कदम उठाने के बावजूद उनमें से कोई भी मेरे द्वारा शुरू नहीं किया गया। स्थिति यथावत रही और मैं घर पर शराब पीने लगा, चाहे दोस्त हों या नहीं। मैं झगड़ालू, चिड़चिड़ा और कभी-कभी तो न मिलने लायक व्यक्ति हो गया। समय समय पर शराबी उत्तेजना वाला पछतावा मुझे दिखता था कि मैं अपनी ज़िन्दगी को क्या होने दे रहा हूँ। पर शराब का दूसरा पैग उसे जल्द ही ठीक कर देता था। जब आख़िरकार हमारा रिश्ता टूट गया तो मैं शराब और आत्म-दया के कुएँ में डूब गया।" हालाँकि कुछ समय के बाद चीज़ें कुछ बदलीं और तब ग्राहम अपनी अभी की (वर्तमान, दूसरी) पत्नी से मिला। यह कहना अनावश्यक होगा कि वही स्थिति ख़ुद को दोहराने लगी। यह उसके बारे में बहुत कुछ बताता है कि हम आज भी ख़ुशी ख़ुशी साथ हैं, वह यह स्वीकार भी करता है।

शादीशुदा (विवाहित) ज़िन्दगी के हिंसा भरे सालों की ग्राहम व्याख्या करता है, "निराधार प्रत्यारोपों की तरह जो कि उन चीज़ों पर केन्द्रित थी, मुझे समझ लेना चाहिए थी कि मेरी अपनी (ख़ुद की) नकारात्मकता की वजह से थी। चीज़ें बद से बदतर होती चली गयीं, इस जाप के छह महीने पहले से ही, जबकि हम दोनों ने ईमानदारी से इस क्षति के सुधार का प्रयास किया था। हर बार की तरह शराब हर उस कदम को रोक देती थी, जो इस ओर उठते थे। जब मैंने

पहली बार इस जाप का सामना किया तो मैंने इसे बकवास समझकर खारिज कर दिया, जबकि इसमें कई बातें थीं। मेरी बीवी ज़्यादा तेज़ साबित हुई और चूँकि हमें इससे अवगत कुछ बहुत ही पुराने दोस्तों ने कराया था, जिन्हें हम शादी से पहले से अपनी-अपनी तरह से जानते थे, मैंने आख़िरकार जाप करना शुरू कर दिया। हालाँकि मैं अभी भी पीता था, काम पर नागा करता था और सभी नकारात्मकताओं को बाहर आने देता था, बिना उनको कोई वास्तविक चुनौती दिये। मैं अभी तक स्वीकार नहीं कर पाता था कि शराब का इस्तेमाल करके मैं किस प्रकार अपने जीवन में और भी मुसीबतें ला रहा हूँ।

फिर एक शनिवार को SGI-UK के किसी मुख्य व्यक्ति ने फोन करके पूछा कि क्या मैं दूसरे दिन, SGI-UK के रिचमण्ड, सरे (Richamand, Surrey) स्थित केन्द्र की देखभाल कर सकता हूँ।" इससे पहले भी ग्राहम ने इन अवसरों में यह किया था और इसका आनन्द भी उठाया था, लेकिन इस बार वह इस प्रार्थना से थोड़ा परेशान हो गया। निश्चित तौर पर वह एक भारतीय था। फिर भी वह मान गया। वह आगे कहता है, "कहने की ज़रूरत नहीं, मैं दिन के खाने के समय शराबखाने में था और मशगूल था काफ़ी शराब पीने में। नतीजा यह था कि मैं इसके बारे में सब कुछ भूल गया। दूसरे दिन, रविवार को, रिचमण्ड से फोन आया कि मैं कहाँ था; मैंने अपने वादे को, अपनी सारी जानकारी से मना कर दिया, हालाँकि मुझे एक बहुत ही असुविधाजनक कसक सी महसूस हुई। मैं फिर दिन के खाने के समय शराबखाने में था और जो कसक महसूस की थी, उसे खारिज कर दिया पर मैंने उस अगुवे को फोन किया जिसने मुझे वास्तव में फोन किया था, यह जानने के लिए कि क्या चल रहा है, मैं अभी भी यह मानने को तैयार नहीं था कि मैं भूल चुका था। उसने मुझे सुझाव दिया कि मैं इसके बारे में जाप करूँ, जो मैंने किया। मेरे पास कोई तरीका नहीं था जिससे कि मैं भ्रम को गोहोंजोन के सामने रख सकूँ, दिन के खाने के समय के शराब पीने के सत्र के बावजूद, पर मैं अभी तक उस चेतावनी को नहीं देख सका, जो मुझे दी गयी थी।

अगले सप्ताह मैंने इतनी पी कि मुझे ज़्यादातर सप्ताहान्त का पता ही नहीं चला। "कुछ भी असामान्य नहीं था, लेकिन मैंने उस चेतावनी पर ध्यान नहीं दिया। इतना सब होने पर भी जब मैंने खोजा तो पाया कि मैंने कोई भी अनैतिक कार्य नहीं किया। अगले सप्ताहान्त भी मैंने वही किया, लेकिन संयोगवश मैंने अपने एक मित्र को घायल कर दिया, क्योंकि मैं अपने पैरों पर खड़ा नहीं हो पा रहा था इस बात के कारण मेरी बीवी ने मुझे दिन के वक़्त अकेला छोड़ दिया,

वह चली गयी और मैं अकेला रहा। इस पर मैंने वापस शराबखाने जाने की ज़िद की जहाँ मैंने SGI-UK के एक सदस्य पर हमला कर देने की धमकी दी, जो मुझे यह सलाह देने आया था कि मैं घर पर जाकर आराम करूँ।

दूसरे दिन, सोमवार को, मैं पश्चात्ताप के आत्मघाती दौर से गुज़रा। मैं किसी भी जानने वाले को देखने की सोचकर ही झुँझला उठता था। मैं गोहोंजोन का सामना नहीं कर सकता था। मेरी बीवी वह एकलौता इन्सान थी जिसे देखना मैं बर्दाश्त कर सकता था। वास्तव में, जिस व्यक्ति को मैंने धमकाया था, वह शाम को यह देखने आया था कि मैं कैसा हूँ, पर मैं छिप गया, दरवाज़ा नहीं खोला और ऐसा प्रदर्शित किया मानो घर में कोई नहीं हो। ऐसा दो दिनों तक चला और फिर मैंने ख़ुद को फिर से गोहोंजोन का सामना करने के लिए तैयार किया, अपने पीने की आदत को चुनौती देने के संकल्प के साथ और मैं जीत गया। अन्ततः मैंने महसूस किया कि इन सारे सालों में मैंने कैसे इतनी सारी समस्याओं को अपने जीवन में आने दिया और यह कि सबसे बड़ी पीड़ा हमेशा मेरे शराब पीने की वजह से हुई जिसे मैं कितनी कामना से अपने गले के नीचे उतारता था।''

अगले तीन महीनों तक ग्राहम लगातार जाप करता रहा अपनी लत से छुटकारा पाने के लिए। उसने कुछ भी अल्कोहलीय नहीं पिया और अपने संकल्प की मज़बूती के लिए वह ख़ुद को जबरदस्ती शराबखाने ले जाता था या फिर वैसी जगहों पर, जहाँ दूसरे बैठकर शराब पीते थे। ''मैं आश्चर्यचकित था कि इतने सालों इतनी शराब पीने के बावजूद यह कितना आसान साबित हुआ, वे सभी झूठ जो कि मैंने स्वयं से कहे थे अपनी शराब पीने की ज़रूरत के बारे में, उसके बाद लोगों की सोहबत का असली मज़ा अब मैं पा सकता था।

तब, दिसम्बर में, उसके बहुत सारे परिचितों ने गोहोंजोन को प्राप्त किया और उसने एक विशेष समारोह में शिरकत की, जहाँ खाना और पीना था। "जब एक टोस्ट (एक-एक जाम ख़ुशी का) लेने को कहा गया तो मैंने महसूस किया, गोहोंजोन की ताकत के द्वारा मैंने अपने अल्कोहल के लालच को जीत लिया है। आधी गिलास शराब ली, ताकि मैं अपनी शुभकामनाएँ भी दूसरे साथियों के साथ जोड़ सकूँ। फिर मैं ख़ुशी-ख़ुशी वापस गया नीम्बू पानी पीने के लिए।" जब क्रिसमस आया तो उसने शराबखाने में एक जाम पिया और बाद में अपने एक दोस्त के घर पर भी क्रिसमस के स्वागत में। जब त्यौहार के दिन (Boxing Day—इंग्लैण्ड और वेल्स का राष्ट्रीय अवकाश का दिन, क्रिसमस के बाद का पहला दिन जो रविवार न हो), वह और उसकी बीवी ने कुछ मित्रों के साथ खाना खाया वह बोला, "मुझे फिर से अपने पीने की क्षमता पर विश्वास हो गया है, उसी

बुद्धिमत्ता और आनन्द के साथ जो कि किसी दूसरे को हो सकती है। अन्ततः एक पार्टी में जो कि मैंने और मेरी बीवी ने दी थी नये साल की पूर्व सन्ध्या पर, मैं जानता था कि मैं पीऊँगा : मैं सही समय पर पीऊँगा और अगर कुछ 'शैतान' मुझे फिर से मेरे उन्हीं पुराने नकारात्मक तरीकों की तरफ ले जाने की कोशिश करेंगे तो मैं उनसे लड़ूँगा। मैं अब जानता था कि मैं पूरी तरह से मुक्त हूँ उस घातक जेल से, जिसमें कोई स्त्री या पुरुष स्वयं ख़ुद को सौंप देता है।"

ग्राहम जो महसूस करता है कि उसने जो अपने अनुभव से सीखा है, वह बिल्कुल साफ़ है। "मुझे सच्चा सबूत मिल गया है कि इस दुनिया में ऐसी कोई चीज़ नहीं, कोई समस्या नहीं चाहे वह किसी भी प्रकार की क्यों न हो, जो गोहोंजोन के सच्चे जप के सामने टिक सके। अगर मैं यह कहूँ कि मुझे काफ़ी परेशानी हुई थी इस बौद्ध-मत के जप से तो यह शाब्दिक सत्य से ज़्यादा कुछ नहीं होगा, पर मैं तहे-दिल से आभारी हूँ अपनी बीवी और उन दो लोगों का, जिन्होंने सबसे पहले 'नाम-म्योहो-रेंगे-क्यों' के बारे में बताया।

एंजेला बोल्गर और ग्राहम वारविक दोनों भाग्यशाली थे, अपने जीवन की मुख्य समस्या को पहचानने में और उन पर जीत हासिल करने में, जप शुरू करने के तुलनात्मक रूप से कम समय में ही। दूसरों के लिए यह जाप ज़्यादा समय ले सकता है, कारण कि यह ज़रूरी नहीं है कि उन्हें अपनी समस्या की मुख्य वजह का पता चल ही जाये, जैसा की जिग्गी भोरे (Jiggi Bhore) के साथ हुआ। वह कहती है, "मेरे तीन साल के जाप के दौरान मैंने कभी भी अपनी मूर्खता को समझाने की कोशिश नहीं की। मुझे इस जाप से बहुत बहुत लाभ हुए, लेकिन एक समय आया जब मैं कुढ़न और हीनता की भावना से ग्रसित होने लगी। एक शाम एक साथी से बात करते हुए मैंने अचानक कह दिया कि मैं सोचती हूँ कि मेरे ऊपर अज्ञान का ज़हर फैला है। मुझमें एक विस्मयकारी मान्यता की अनुभूति है, जैसा मैं जानती थी कि अपनी बुद्ध प्रकृति की मेरी अज्ञानता ही मुझे दुःख पहुँचाती है। मैं अपने इस ज़हर को चुनौती देने के लिए कृत संकल्प हो गयी।"

यह कहना आसान था कि हो गया। हालाँकि जैसा कि जिग्गी ने जल्द ही पाया। "यह बेहद-बेहद मुश्किल था। ऐसा हुआ कि उस समय मैं कोई काम नहीं कर रही थी और इसलिए सैद्धान्तिक रूप से, जाप करने के लिए मेरे पास समय ही समय था। मुझे यह मुश्किल लगा क्योंकि जो अहसास होता था, वह बहुत ही मज़बूत और बहुत ही नकारात्मक था। जितना मैं जाप करती थी, उतना ही बुरा मुझे अनुभव होता था। यह मेरे आज तक के अनुभव से बिल्कुल विपरीत था। दो सप्ताह के बाद मैंने अपनी मूर्खता को वास्तव में साफ़-साफ़ देखा। मैंने

महसूस किया कि मुझे सम्पूर्ण ख़ुशी के लिए जाप करने से डर लग रहा था, क्योंकि मुझे नहीं लगता था कि उसे मैं प्राप्त कर सकूँगी। मैंने कल्पना की कि सबसे अच्छा जो मैं उम्मीद कर सकती थी, वह था एक प्रकार का शान्त वैराग्य। मैंने ख़ुद को उबाऊ, अकेली, मध्य उम्र की महिला की तरह देखा, जिसमें अपनी ज़िन्दगी अबूझ धार्मिक प्रवृत्ति के बनावटी 'अच्छे कार्यों (कल्याणकारी कार्यों)' से भर रखी थी और महसूस किया कि मैं मूलतः अप्रिय हूँ कि मैं जो करती हूँ, हमेशा उस पर यकीन करती हूँ और दृढ़तापूर्वक डटी रहती हूँ। इससे पहले कभी भी मैंने अपने आपकी इतनी नकारात्मक गहराई का अनुभव नहीं किया था और अपने जीवन के मिथ्याभिमान का भी। मेरा अभागापन और नाराज़गी (असन्तोष) अब छिप नहीं सकता था।" यह भाव कि जीवन को सिर्फ़ झेलना है कम-से-कम उसे गोहोंजोन के सामने रखता था। हालाँकि कभी-कभी वह जाप से ज़्यादा रोती थी। "और वास्तव में इस जाप में कोई भी प्रार्थना बिना जवाब के नहीं रहती," वह कहती है, "एक शाम एक व्यस्त उच्च पदस्थ व्यक्ति ने मुझसे मिलने का मौका निकाला।"

जिग्गी ने उसे बताया कि वह पक्की थी कि जब लोग उसे देखते हैं तो वे अवश्य सोचते हैं कि बौद्ध-मत का अभ्यास कुछ वैसा था जो कि उस खालीपन को भरता था, जहाँ पति और परिवार को होना था। पर जिग्गी ने विवरण दिया, "उसने मुझे कहा कि कोई मेरे जीवन का निर्णय नहीं कर सकता, और चाहे मैं शादीशुदा होऊँ या नहीं, सच्ची ख़ुशी भीतर से आती है और अब गोहोंजोन पर पूरा विश्वास करने का समय हो गया है, जो कि मेरे आन्तरिक बुद्धत्व का सिर्फ़ एक बाह्य प्रदर्शन मात्र है और मैं ख़ुद को विश्व शान्ति की स्थापना हेतु कार्य करने के लिए समर्पित कर दूँ। जब वह गयी तो मैंने अच्छा महसूस किया, लेकिन अब भी सन्देह से भरी हुई थी।" दूसरी सुबह एक दूसरे बुजुर्ग अगुवा उसके साथ आये 'गोंग्या (Gongyo)' करवाने और एक घण्टे के सामूहिक जाप के पश्चात् जिग्गी ने जाना कि उसने किसी तरह अपने जीवन में कुछ मौलिक परिवर्तन कर लिया है। मैंने उसके जाने के बाद कुछ घण्टों तक जाप किया और फिर रोई, लेकिन इस समय मेरे आँसू विस्मय और कृतज्ञता के थे।

"मेरे जीवन की बाहरी परिस्थितियों में कोई बदलाव नहीं आया था। मैं अभी भी अकेली थी, बगैर काम के और निश्चित रूप से जवान नहीं थी, लेकिन सब कुछ अलग था। यह ऐसा था मानो 'अच्छे व्यवहार' का झूठा आवरण उतर गया हो, ताकि मेरी ख़ुद की असीमित सच्चाई की धारा बाहर हो सके। मैं ख़ुद की अद्वितीयता को जान गयी। मैंने आज़ाद और प्रसन्न महसूस किया।

मैं लोटस-सूत्र के उस वाक्य का अनुकरण करने के लिए प्रतिबद्ध हूँ जो कहता है जो लोग एकचित्त होकर बुद्ध के लिए उपासना करते हैं, वे अपने जीवन से ईर्ष्या नहीं करते, ताकि ज़्यादा से ज़्यादा दूसरे लोग अपनी ख़ुद की बुद्ध प्रकृति का आनन्द उठा सकें।"

इन तीन अनुभवों के अनेक पहलू हैं जिन पर तर्क-वितर्क करने की आवश्यकता है, जिसमें यह भी कम नहीं है कि तीनों ही व्यक्ति ख़ुद को पूरी तरह से 'साधारण' समझेंगे और इसके बावजूद उन्होंने अपने जीवन में असाधारण विशेषताएँ अर्जित कीं 'नाम-म्योहो--रेंगे-क्यो' का जाप करके। हालाँकि इस बात पर ज़ोर देना चाहिए कि यद्यपि हर मामले में समस्या के मुख्य कारण का सामना और फिर उससे मुक्ति मिल गयी थी, लेकिन इसका मतलब यह कतई नहीं है कि 'नाम-म्योहो-रेंगे-क्या' का जाप एक चमत्कारी इलाज है। ख़ुद के बुद्धत्व को बाहर निकालना और समझना कि उसे रोज़मर्रा की ज़िन्दगी पर किस प्रकार लागू करना है, आसान नहीं है। कारण कि अगर कोई तत्परता के साथ इसका जाप करता है, तब भी एक बहुत ही गहरी निष्ठा की ज़रूरत होती है ख़ुद को अन्दर से बदलने के लिए, बड़े और दृढ़ साहस के साथ, किसी भी मौलिक समस्या को सुलझाने के लिए। बौद्ध-धर्म सिखाता है कि ख़ुद को बदलना इकलौता कठिन कार्य है इस सम्पूर्ण ब्रह्माण्ड में, इसलिए हमें ज़्यादा आश्चर्यचकित नहीं होना चाहिए, अगर यह एक रात में न कर पाए तो। जैसा कि जिग्गी और ग्राहम के उदाहरणों से स्पष्ट होता है, यह कुछ समय ले सकता है और बहुत ज़्यादा जाप की ज़रूरत है उस साहस को एकत्र करने के लिए, इस सत्य का सामना करने के लिए कि एक निश्चित समस्या हमारे जीवन में व्याप्त है। वास्तव में, ग्राहम ने जाप शुरू करने के कुछ समय के बाद तक अपना पीना जारी रखा; हालाँकि यह सिर्फ़ उसकी समस्या की झुँझलाहट थी जिससे वह उस यातना को और नज़र अन्दाज नहीं कर सकता था, जो वह ख़ुद के लिए और दूसरों के लिए पैदा कर रहा था, सिर्फ़ जब उसने निश्चय किया कि वह अपनी कमज़ोरी का 'सामना करेगा', तभी वह उससे बाहर निकल पाया।

तब अपने ख़ुद के साहस के द्वारा इस बौद्धमत के सिद्धान्त और जाप को अपने जीवन में उतारकर, तीनों ने यह पाया कि उनकी जो पीड़ा है, वह निम्न संसारों में से किसी एक की प्रधानता के कारण ही है। पारस्परिक स्वामित्व के सन्दर्भ में यह कह सकते हैं कि अपनी पीड़ाओं का सामना करने के पहले एंजेला के जीवन में क्रोध में छिपी हुई नरक की स्थिति का प्रदर्शन होता था, ग्राहम का नरक भूख में छिपा था और जिग्गी का नरक पशु-वृत्ति में छिपा था। जिग्गी

की जीवन स्थिति में पशु-वृत्ति की प्रधानता है—यह पहले-पहल मालूम नहीं होता (जैसा कि यह उसे भी नहीं पता था), जब तक हमें याद नहीं आता है कि मूर्खता या अज्ञानता पशु-वृत्ति के संसार की मूलभूत विशेषता है इस उदाहरण में, इसने ख़ुद को दिखाया है जिग्गी की अपने स्वयं की वास्तविक महत्ता की अज्ञानता के रूप में उसके खुद दुःख दूसरे लोगों के दुःख से नीचे रखने से आते थे। हालाँकि सभी तीनों के अनुभव छह निम्न संसार के बीच गहरा रिश्ता दर्शाते हैं और विशेषकर नरक, भूख और पशु-वृत्ति के तीन पापमय रास्तों से, यह सम्बन्ध ग्राहम के अनुभव में विशेष रूप से स्पष्ट है। उसके शराब पीने की भूख पशु-वृत्ति की मज़बूत स्थिति को भी लाकर खड़ा कर देती थी। कारण कि जब वह पी लेता था, वह पूरी तरह से उस समय के परमानन्द में डूब जाता था और अपने कार्यों के परिणाम को समझने के काबिल नहीं रह जाता था—नरक या पीड़ा के विभिन्न रूप, जब तक कि बहुत देर न हो जाये।

यह महत्त्वपूर्ण है कि तीनों ने ही यह समझ लिया था कि उनकी परेशानी का मुख्य कारण और कहीं नहीं, बल्कि उनके ही जीवन में बहुत अन्दर छिपा हुआ है, उनके सचेतन मन के नीचे। इस बौद्ध-मत का मुख्य बिन्दु यह ज्ञान है कि पीड़ा और खुशियाँ, दोनों भीतर से आती हैं। जिग्गी के मामले में बाहरी प्रकृति में कहीं कोई बदलाव नहीं आया, लेकिन सिर्फ़ उसके भौतिक व्यवहार में बदलाव आने के कारण उसकी परेशानी गायब हो गयी।

SGI के शोध विभाग के बुजुर्ग सदस्य यासुजी किरिमुरा (Yasuji Kririmura) इसकी व्याख्या करते हैं, "लोग सोचते हैं कि उनकी परेशानियों का कारण बाहरी दुनिया के तत्त्व हैं, लेकिन बौद्ध-धर्म कहता है कि वस्तुतः इसका कारण होता है नकारात्मक अन्तः प्रेरणा, भ्रम और अवहेलना, जो कि लोगों के जीवन में ही निहित होती है।" इन तत्वों को उपरोक्त उदाहरणों में देखा जा सकता है : ग्राहम का यह भ्रम कि उसे दूसरों के साथ आत्मिक ख़ुशी तब तक नहीं मिलेगी, जब तक वह पीयेगा नहीं। जिग्गी का ख़ुद की अद्वितीयता की अवहेलना करना, इस भ्रम के साथ की वह ख़ुश नहीं रह सकती है पति और परिवार के बिना और एंजेला के छिपे हुए गुस्से द्वारा नकारात्मक अन्तःप्रेरणा का जन्म लेना बल्कि एंजेला ने तो अपने गुस्से को इस हद तक दबा दिया कि उसने यह सोचा भी नहीं था कि उसके पास यह है। फिर भी उसे अभिव्यक्ति खोजनी थी और उसने ऐसा किया मिरगी के दौरे के रूप में।

यह उल्लेखनीय है कि पश्चिमी देशों में यातनाओं की मुख्य वजह है वह तरीका जो कि ज़्यादातर अवचेतन अवस्था में लिया जाता है, अपने आपके कुछ

निश्चित पहलुओं को कुचलना या फिर नष्ट करना, एक या दूसरे कारण से, हम महसूस करते हैं अनाकर्षक और अस्वीकार्य। हालाँकि बौद्ध-धर्म सिखाता है कि 'सभी' दस संसार जीवन में अवस्थित होते हैं और उनमें से किसी एक को भी मिटाना असम्भव है। इसलिए एक बार जब उसे अपनी समस्या की प्रकृति के बारे में मालूम हो गया, तब एंजेला ने यह महसूस किया कि इसे हटाने के लिए जप करने से अच्छा है, जो गुस्सा उसे इतनी यातना दे रहा है उसे न सिर्फ़ कुछ सृजनात्मक रूप में बदला जा सकता है, बल्कि वास्तव में वह उसकी सबसे बड़ी ताकत बन सकता है। उसी प्रकार ग्राहम की पीने के प्रति अति लोभी भूख न सिर्फ़ भीतर तक धँसी हुई थी, बल्कि उसने उसे भी जला दिया, जो आँखों से छिपा था, फिर तुरन्त पागल की तरह दौड़ने के लिए शराब की हल्की-सी गन्ध पर भी इसके विपरीत, उसकी भूख को पूरी तरह से परिमार्जित कर दिया गया है, ताकि वह अन्य लोगों की तरह संयम से पी सके।

इस जप की सच में एक महान बात यह है, कि हम अपनी कमजोरियों के लिए ग्लानि महसूस नहीं करते या अपने जीवन के उन पहलुओं को, जिन्हें हम बुरा समझते हैं, कभी देखना नहीं चाहते, उनके लिए ग्लानि महसूस करने की ज़रूरत नहीं है। इसके विपरीत ईमानदारी से उनके विषय में जप करने से, वह, एंजेला के शब्दों में, 'अनमोल साथी' हो सकते हैं : दूसरे शब्दों में, हमारे अन्दर अभी भी वह अन्तःप्रेरणा है जो कि बौद्ध-धर्म के अनुसार दुःख का प्रमुख कारण है, लेकिन नकारात्मक रूप से कार्य करने के बाद भी वे सकारात्मक हो जाते हैं। इसे दस संसार के पारस्परिक स्वामित्व के सन्दर्भ में समझाने के लिए—एंजेला, ग्राहम और जिग्गी—तीनों ने यह खोजा कि नरक के साथ बुद्धत्व भी होता है गुस्सा, भूख और पशु-वृति के संसार में और उसे बाहर निकाला जा सकता है 'नाम-म्योहो-रेंगे-क्यो' का जप करके। इसलिए निचिरेन दैशोनिन का बौद्ध-मत नकारात्मक अन्तः प्रेरणा और प्रवृत्तियों के दमन से कोई मतलब नहीं रखता जो कि एक मज़बूती से गोलाकार बँधे स्प्रिंग की तरह ज़रूर ही वापस आना चाहिए किन्तु अपने सम्पूर्ण बदलाव के साथ।

यह समझाना थोड़ा मुश्किल हो सकता है कि किस प्रकार नरक और क्रोध जैसी निम्न जीवन स्थिति बुद्धत्व की सर्वश्रेष्ठ स्थिति को धारण कर सकती है। निचिरेन दैशोनिन व्याख्या करते हैं कि बुद्धत्व सिर्फ़ 'इसीलिए' हो सकता है, क्योंकि हमारे पास अन्य नौ संसार होते हैं और हमारी प्रकृति के वे पहलू, जिन्हें हम शायद छिपाकर रख सकते हैं। यह कमल के फूल से साम्यता दिखाने पर खूब अच्छी तरह से देखा जा सकता है। यह सिर्फ़ इसलिए, है क्योंकि इसकी

जड़ें अन्दर तक दलदल में धँसी हुई हैं कि यह इतना ख़ूबसूरत फूल उगने में सक्षम है। दूसरे शब्दों में, यह सिर्फ़ इसलिए, है क्योंकि हमारे जीवन में सामान्य मानवीय इच्छाएँ और सामान्य मानवीय दिक्कतें होती हैं। इच्छाएँ और मुसीबतें जो कि न तो हम सन्तुष्ट कर सकते हैं और न ही उनसे पार पा सकते हैं दूसरे तरीकों से। हम 'नाम-म्योहो-रेंगे-क्यों' का जप करना शुरू करते हैं और ऐसा करने से हमारे उच्चतम स्वयं, बुद्धत्व को प्रकट करते हैं। यह बुद्धत्व और सामान्य जीवन का अन्योन्याश्रित सम्बन्ध सिर्फ़ लोटस-सूत्र में स्पष्ट किया गया है और तीन महत्त्वपूर्ण मुहावरों में व्यक्त किया गया है : bon'no soku bodai, जिसका शाब्दिक अर्थ होता है ''सामान्य जीवन की इच्छा के साथ-साथ निर्वाण", shoji soku nehan का शाब्दिक अर्थ है–"जीवन और मृत्यु के दुःख निर्वाण है" और sokushin jobutsu का शाब्दिक अर्थ है–"यही शरीर बुद्ध बन जाता है।" दूसरे शब्दों में, कोई बुद्ध बन जाता है बिना अपने किसी मानवीय प्रकृति में बदलाव के। इन सभी मुहावरों में एक शब्द आम है सोकु (soku)। सोकु का हम शाब्दिक अनुवाद कर सकते हैं 'एक ही चीज़', 'जैसा यह है' या 'बराबर' और फिर भी, जिस प्रकार दूसरे चीनी अक्षरों का प्रयोग बौद्ध-धर्म की संकल्पना के लिए किया जाता है, इसका अर्थ काफ़ी गूढ़ है।

सोकु के अर्थ में निहित है बदलाव का विचार उसी प्रकार का बदलाव जो कि अनुभव किया गया था एंजेला, ग्राहम और जिग्गी के द्वारा। सोकु का मतलब यह नहीं होता है कि सामान्य जीवन की इच्छाएँ ख़ुद में निर्वाण हैं या फिर सामान्य लोग बुद्ध हैं, बिल्कुल उसी रूप में, बल्कि यह कि प्रबोधन व्यक्तियों के कष्टों और इच्छाओं में निहित है और बुद्धत्व की दुनिया सामान्य लोगों में निहित है। इसको अगर दूसरी तरह से देखें तो सोकु का मतलब होता है मूलतः बुद्धत्व की दुनिया में और दूसरे नरक से लेकर बोधिसत्व तक के नौ संसारों में कोई अन्तर नहीं है। यह समझाना थोड़ा कठिन हो सकता है, लेकिन मौलिक रूप से सोकु इस बिन्दु पर ज़ोर देता है कि बुद्धत्व कोई आकाशीय या दूसरी दुनिया की स्थिति नहीं है, बल्कि एक गुण है जो कि सामान्य लोगों के व्यवहार और रोज़मर्रा की आदतों द्वारा प्रकट होता है। संक्षेप में, हम इस बौद्ध-मत के जाप सन्त या महामानवीय (सुपरमैन) बनने के लिए नहीं करते, बल्कि महान व्यक्ति बनने के लिए करते हैं जो कि मनुष्य की हर परेशानी को सुलझाने में सक्षम हो।

फिर से सोकु को एक सादृश्यता के द्वारा ज़्यादा अच्छी तरह से उद्धृत किया जा सकता है। ज़्यादातर लोग जानते हैं कि अगर आप एक कच्चा हरा टमाटर 'सब्ज़ियाँ पकाने वाली मशीन' (sunny windowsill) पर रख देंगे तो यह

तुरन्त पकेगा और लाल हो जायेगा, जैसा कि यह होता है। एक पका टमाटर और एक कच्चा टमाटर एक जैसा नहीं होता और तब भी यह परिवर्तन होता है एक ही फल में। हालाँकि यह सत्य है कि बहुत सारी बाहरी स्थितियाँ, जैसे कि सूर्य की रौशनी का प्रभाव, बदलाव में शामिल होती हैं। केन्द्रीय बिन्दु होता है कि टमाटर में ख़ुद में यह बदलाव की क्षमता होती है। इसी प्रकार एक सामान्य व्यक्ति का जीवन भी वह क्षमता रखता है जिससे वह प्रबोधन प्राप्त कर सके।

यद्यपि लोटस-सूत्र इसे एक सिद्धान्त की तरह सिखाता है यह उस विषय पर कुछ नहीं कहता कि सामान्य लोग किस प्रकार अपने बुद्धत्व को प्रकट कर सकते हैं और इसीलिए सोकु की संकल्पना अब भी सिर्फ़ संकल्पना ही है। यह निचिरेन दैशोनिन के आगमन के बाद ही कि सोकु के सिद्धान्त को वास्तविकता में तब्दील किया जा सका, जैसा कि वह कहते हैं, इकलौता शब्द 'सोकु' नाम-म्योहो-रेंगे-क्यो है। यह बहुत ही महत्त्वपूर्ण है, क्योंकि इसका अर्थ है कि जब निचिरेन दैशोनिन ने "नाम-म्योहो-रेंगे-क्यो" को स्थापित किया, उन्होंने सामान्य लोगों को उनके भीतर के बुद्धत्व के बारे में अवगत कराया। इसलिए निचिरेन दैशोनिन के बौद्ध-मत में इच्छाओं को दबाने की कोई ज़रूरत नहीं है, समस्याओं पर बुद्धिमत्ता से गौर करने की या फिर मानने योग्य नैतिक मूल्यों के (और शायद बीते हुए समय के) अनुसार जीने का जाग्रत प्रयास करने की। इसके बदले हम विश्वास कर सकते हैं कि हम अपने भीतर बदलाव को होने दे रहे हैं, भले ही पहली बार हम इसके विषय में सचेत हों या नहीं। निचिरेन दैशोनिन ने इस पूरी प्रक्रिया की स्वाभाविकता को इस परिच्छेद में सार तत्त्व के रूप में प्रस्तुत किया है–

> *बुद्धत्व को प्राप्त करना कोई असाधारणता नहीं है। अगर आप मन से 'नाम-म्योहो-रेंगे-क्यो' का जाप करते हैं तो आप ख़ुद-ब-ख़ुद ही बुद्ध के बत्तीस लक्षण और अस्सी विशेषताओं को प्राप्त कर लेगें। शाक्यमुनि ने कहा था, "शुरुआत में मैंने शपथ ली थी कि सभी लोगों को बिल्कुल मेरे समान (बराबर) बनाने की, बिना किसी भेदभाव के।" इसलिए बुद्ध बनना बिल्कुल मुश्किल नहीं है। एक चिड़िया के अण्डे में और कुछ नहीं बस तरल पदार्थ होता है, उसके बावजूद यह एक चोंच, दो आँखें और सभी दूसरे अंगों में विकसित होती है जो कि चिड़िया को बनाता है। और जो आसमान में उड़ सकती है, हम भी बिल्कुल अण्डे की तरह हैं नादान और स्वार्थी (सिर्फ़ ख़ुद को विकसित करने वाले) लेकिन जब हम*